LA INVENCIÓN DEL PODER

AGUILAR
NUEVO SIGLO

FEDERICO CAMPBELL

LA INVENCIÓN
DEL PODER

AGUILAR
NUEVO SIGLO

LA INVENCIÓN DEL PODER
© 1994, Federico Campbell
De esta edición:
© 1994, Aguilar, Altea, Taurus,
Alfaguara, S.A. de C.V.
Av. Universidad 767, Col. del Valle
México, 03100, D.F.
Teléfono 604 9209

- Ediciones Santillana S.A.
  Carrera 13 N° 63-39, Piso 12. Bogotá.
- Santillana S.A.
  Juan Bravo 3860. 28006, Madrid.
- Santillana S.A., Avda San Felipe 731. Lima.
- Editorial Santillana S.A.
  4ta, entre 5ta y 6ta, transversal. Caracas 106. Caracas.
- Editorial Santillana Inc.
  P.O. Box 5462 Hato Rey, Puerto Rico, 00919.
- Santillana Publishing Company Inc.
  901 W. Walnut St., Compton, Ca. 90220-5109. USA.
- Ediciones Santillana S.A.(ROU)
  Boulevar España 2418, Bajo. Montevideo.
- Aguilar, Altea, Taurus, Alfaguara, S.A.
  Beazley 3860, 1437. Buenos Aires.
- Aguilar Chilena de Ediciones Ltda.
  Pedro de Valdivia 942. Santiago.
- Santillana de Costa Rica, S.A.
  Av. 10 (entre calles 35 y 37)
  Los Yoses, San José, C.R.

Primera edición en México: julio de 1994

ISBN: 968-19-0225-4

Diseño:
© Cubierta: Carlos Aguirre

Impreso en México

ÍNDICE

No es literatura lo que es fantasía,
sino la realidad tal y como es
manipulada y sistematizada por el poder.

Leonardo Sciascia

A Carmen Gaitán

DE INVENTIONE

Las palabras "invención", "memoria", "poder", son de ésas que solas y por sí mismas —desprendidas de cualquier contexto y al margen de la frase— vienen ya con una carga literaria muy sugestiva. Basta escribirlas sobre el papel para percibir de inmediato su irradiación, el abanico de evocaciones y significados que les ha consentido la historia.

Tal vez otro de esos términos —astros con luz propia— sea "imaginación", que para Thomas Hobbes es la misma cosa que la memoria y comporta connotaciones afines a las de los verbos fraguar, urdir, descubrir, hallar, crear, idear, fabricar, construir, inventar.

En una de sus primeras reflexiones sobre la retórica, en *De inventione*, Cicerón (106-43 A.C.) adelanta lo que más tarde desarrollaría como "arte de la memoria", pero con *inventio* quiere referirse concretamente a la invención o composición de la materia de un discurso y a la compilación de las cosas sobre las que versará. Por su parte, Francis Bacon —al exponer en 1623 las cuatro "artes intelectuales" de su lógica— coloca en primer lugar "el arte de la investigación o de la invención" (*art of inquiry or invention*) que se remite a "la invención de los argumentos".

Combinada con otros vocablos para formar un título, la palabra "invención" ha hecho las delicias de

13

escritores, historiadores, sociólogos, científicos y músicos de rock'n roll, como The Mothers of Invention, del maestro Frank Zappa: desde *La invención de la soledad* de Paul Auster, *La invención de Morel* de Adolfo Bioy Casares, *La invención de la tradición* de T. O. Ranger y E. Hobsbawm, *La invención de lo cotidiano* de Michel de Certeau, *La invención de América* de Edmundo O'Gorman, *La invención de Europa* de Emmanuel Todd, hasta *La invención de la memoria* del neurólogo Israel Rosenfield. Este último —al proponer una nueva visión de las bases biológicas de la psicología y la neurología, y de sus implicaciones filosóficas e intelectuales— presenta una nueva teoría sobre el cerebro humano y por tanto acerca de cómo funciona la memoria, que no es como un disco duro ni un archivero: la memoria no reproduce ni rescata ni localiza información en el pasado del individuo: organiza en categorías el mundo que nos rodea, siempre a partir de un contexto emocional (como lo previó Freud). La memoria inventa: recategoriza. Si hasta la fecha no se ha dado con una zona específica del cerebro en la que se almacenen "moléculas de la memoria", como si hubieran sido grabadas, es porque muy probablemente no estén allí. No dependemos de imágenes fijas —dice Rosenfield— sino de recreaciones, de imaginaciones, de un pasado que se ajusta a las necesidades del presente. De invenciones.

Nada me hubiera costado publicar este libro sin una explicación de su título, pues *La invención del poder* muy bien puede valerse por sí mismo. Pero la verdad es que me gustaría compartir con el desocupado lector cómo —por una asociación de ideas y de palabras, por una intuición— se me ocurrió un día que el poder podría ser una invención.

Si en la novela de Auster, *La invención de la soledad*, y en el libro de Rosenfield, *La invención de la memoria*, hay un juego recíproco de significados ambivalentes porque la soledad que inventa puede también ser inventada (la soledad inventada y la invención que se engendra en la matriz de la soledad), y porque la memoria inventa, recategoriza y recrea, al mismo tiempo que es inventada, una consecuencia analógica podría ser que el poder es inventado un día, en los tiempos más remotos de la humanidad, pero al mismo tiempo el poder inventa; es una entidad que genera una invención: es pasivo y activo, es centrípeto pero también es un centro de fuga, es productor de ficciones y fantasías. Adultera la realidad, la moldea según sus necesidades y la impone a los demás, a través de uno de sus gestos más agresivos: la propaganda y la prefabricación.

También obró en el proferimiento de *La invención del poder* la corazonada de que el trabajo de la memoria, según la nueva neurología de Gerald Edelman, es semejante al de la escritura. Si percibir es ser, como decía Platón, si percibir es crear y recordar es inventar, como afirma este distinguido neurólogo, resulta que escribir no sólo es recordar sino también reconocer, reclasificar, recategorizar e inventar... según un presente y según un cierto contexto emocional (el del escritor), tal y como opera la memoria.

Si a esta sospecha añadimos el presupuesto ciceroniano de la retórica en *De inventione*, es decir, la invención o la composición de la materia de un discurso, y la invención de los argumentos que presuponía Bacon, podemos concluir que el desarrollo de un discurso o de un argumento que tiene como tema el poder puede muy bien irse por el derrotero de la asociación de ideas y el criterio analógico sin querer estatuir, por ello mismo y de manera inapelable, que el recurso de las comparaciones pretenda establecer algo más que una impresión del escritor: una sugerencia. Las analogías, piensa Freud en *Tótem y tabú*, pueden ser únicamente exteriores, y por eso hay que tener cuidado con ellas (y también con las coincidencias), porque nos pueden hacer resbalar hacia el lago congelado de los sofismas. Cuando Freud procede analógicamente al analizar el tabú y la obsesión patológica, apunta sus reservas: "Sería, pues, poco prudente y harto ligero, deducir de estas coincidencias, dependientes de una analogía de las condiciones mecánicas, una afinidad interna. [...] ...aunque no por esta reserva habremos de renunciar a la comparación intentada".

¿Cuándo fue, pues, que el poder se gestó en las sociedades más primitivas? ¿En qué momento, así como concibieron la herramienta o el arma a partir de un fémur, los seres humanos inventaron el poder?

En la literatura antropológica y los textos de filosofía política se ha intentado discernir cómo y cuándo se tiende ese pacto crucial en las primeras formaciones sociales del hobbessiano "estado de naturaleza". El poder nace de un acuerdo entre los hombres que lo delegan al jefe de la tribu y por ello mismo lo hacen jefe. Allí y entonces inventan el poder, de la noche a la mañana, de un instante a otro. Y ese proceso de invención del poder se da sobre todo en la sucesión, en la transmisión del mando. De pronto, otro individuo (del mismo tótem, del mismo clan) pasa a ser una especie de Dios. El poder lo inventa.

"El fundamento del poder es el consentimiento de los hombres reunidos en sociedad", se dice en La *Enciclopedia* francesa de 1765, pero antes, en 1651, Thomas Hobbes había introducido ya en el *Leviatán* el matiz de que si, en efecto, los hombres se reúnen para trascender el miedo a la muerte propio del estado de naturaleza (un estado de guerra latente) es para encontrar un poder capaz de imponerse a todos ellos: un poder común que los sujete.

El poder brota, dice Hannah Arendt, dondequiera que la gente se une y actúa de concierto: el poder surge entre los hombres cuando actúan juntos y desaparece en el momento en que se dispersan. Pero hay algo que está en el origen de todo poder: la vio-

16

lencia. La contención de la violencia. La fuerza en potencia.

Si toda política es para C. Wright Mills una lucha por el poder, el tipo extremo de la política es la violencia. Y para Max Weber, el poder viene a ser el imperio del hombre sobre el hombre basado en los medios de violencia legítima.

A Hannah Arendt no deja de sorprenderle el consenso que en casi todos los teóricos se da respecto al componente de la violencia en el poder, desde Bertrand de Jouvenel hasta Passerin D'Entrèves que ve en el poder la "fuerza institucionalizada" y lo percibe como "una especie de violencia mitigada".

En ese sentido Norberto Bobbio también interpreta la obra de Hobbes: el Leviatán es sustancialmente el detentador del monopolio de la fuerza legítima, legítima porque se funda en el consenso de los ciudadanos.

Pero lo que ha sucedido con el paso del tiempo es que el poder ha ido adquiriendo una dinámica propia, como si lo único que importara fuera el poder por el poder mismo. Se les ha salido de madre a los gobernantes, se las ha escapado como un formidable virus de laboratorio que ha agarrado su propio vuelo. "Ha arribado a la posibilidad de la autojustificación; es decir, que está en situación de consumar arbitrariedades sin avergonzarse ante los gobernados justamente porque el poder ha conquistado una jerarquía propia, una dinámica propia y una fisiología propia", dice Daniel Herrendorf. "Se ha independizado, digamos, de la democracia y anda por el mundo tallando su propia anatomía con prescindencia de los valores políticos que el constitucionalismo social distribuyó con generosidad."

Si en México el poder sigue teniendo algo de muy primitivo y ancestral, algo muy inconsciente de orden colectivo y animal, es por algo que nadie está seguro de saber claramente. Hay el criterio historicista de que el pasado es prólogo, como decía Shakespeare en *La tempestad*. Quienes creen en la noción de "producto histórico", o en el devenir del "quehacer histórico social", anotan que el Presidente mexicano es depositario de una carga inmemorial, no exenta de prescripciones y prohibiciones tabúes. El carácter tabú del poder mexicano (intocable, incuestionable, indisputable) proviene tal vez de su identificación con lo sagrado y del halo de temor sagrado que irradia, o mejor: del temor a la acción de las fuerzas demoniacas.

¿Por qué el suyo es un poder irrebatible? Nunca la oposición en México ha llegado al poder por la vía de las elecciones. Cuando ganó, no le reconocieron el triunfo. A Dios no se le compite el poder: el Diablo lo hizo y así le fue. Sólo por un levantamiento armado Madero tuvo acceso al poder. Sólo por un golpe de Estado, el de Calles y Obregón con el Plan de Aguaprieta, y el asesinato consecuente del presidente constitucional Venustiano Carranza, los sonorenses instauraron la violencia como germen —el huevo de la víbora— del actual sistema político presidencialista.

En nuestro final de siglo mexicano se sigue viendo al Presidente como una figura tabú, al que nadie, absolutamente nadie, puede disputar el poder. Lo transfiere, ciertamente, pero sólo a un miembro de su propio clan, de su propio tótem. El Presidente es el pasado, el presente y el futuro de la Patria. O mejor: es la Patria. No se puede equivocar. Encarna a la nación. Es sagrado.

Por el modo en que lo tratan, por la forma en que se humillan a su paso, los mexicanos han conferido al Presidente una investidura tabú de lo más primitiva, como en las comunidades salvajes de la Melanesia. Así, la presidencia es una superstición, una creencia no explicable por la razón humana.

"El Presidente no sólo es la autoridad política máxima: es la encarnación de la historia mexicana, el Poder como sustancia mágica transmitida desde el primer Tlatoani a través de virreyes y presidentes", escribe Octavio Paz en *El ogro filantrópico*.

Quien se atreve a desafiar su poder resulta demonizado, se le equipara al demonio que escapó al poder de Dios y lo retó, y es condenado a la pena eterna. Por eso el poder de tres cabezas (tlatoani, virrey, presidente) decreta: Nunca, en ningún caso, en ninguna hipótesis, bajo ninguna circunstancia, se me puede disputar el poder. Nunca. La Presidencia no está en discusión.

Gran lector de Lèvi-Strauss y de no poca literatura antropológica, Octavio Paz repara asimismo en el aspecto sagrado de ese poder. "Un castigo de lo alto", dice que fue la forma, casi religiosa, de la violencia que descendió sobre los estudiantes en 1968:

"Una venganza divina. Había que castigar ejemplarmente. Moral de Dios padre colérico. Los orígenes de esta actitud se hunden en la historia de México, en el pasado azteca y en el pasado colonial. Son una suerte de petrificación de la imagen pública del gobernante, que deja de ser un hombre para convertirse en un ídolo."

Fascinación u obsesión monotemática, tema fundamental de nuestro fin de siglo (puesto que la propaganda no es sino su reflejo), el poder es tal vez una de las últimas cosas de este mundo que todavía pueden provocar algo parecido al asombro metafísico.

EL PRINCIPIO DEL PODER

En un sentido muy laxo (no estricto, no sistematizado), las nociones de fuerza, hegemonía, política, voluntad, poder, dominio, autoridad, impulso, capacidad, violencia, propaganda, virtud, vigor, potencia, se empalman desde el punto de vista de su significado —o por su ambigüedad, curiosamente— y todos sus posibles matices: en el principio fue el poder, las relaciones de poder, los mecanismos del poder, el poder invisible, la lógica del poder, los celos del poder, el narcisismo del poder, la erótica del poder, las complicidades del poder, el poder judicial, el placer del poder, la cocaína del poder, el poder intimidatorio, el poder como fuerza, sumisión y obediencia, el poder como degradación, el poder como campo magnético, el poder: su valor de uso y su valor de cambio, el poder como capacidad de una clase para realizar sus intereses, el poder para desmontar los dispositivos del poder, la satanización del poder, el poder ontológicamente demoniaco, etcétera. Una verdadera orgía teórica sobre la naturaleza y el destino del poder, los lugares comunes del poder, la invención del poder.

El disparadero —o disparatario— de este párrafo de apertura apenas reúne algunas de las ideas que a lo largo de la historia del pensamiento se han venido acumulando sobre el poder no sólo a partir de la filosofía: también de la literatura —la novela, el teatro, el ensayo— y de la reflexión política, en obras en las que no se mencionaba la palabra poder pero se le aludía (en Maquiavelo, por ejemplo, en Suetonio, en Shakespeare).

Desde esta perspectiva, las anotaciones subsiguientes tenderían a explorar ciertas expresiones del poder en el ámbito literario y no necesariamente en el campo *ontológico* que obligaría a responder qué es el poder, en qué consiste, cómo subsiste, o bien desmenuzar lo que ciertos filósofos profesionales, como Eugenio Trías, se plantean como "la articulación intrínseca entre la esencia y el poder, la esencia del poder... la consubstanciación de esencia y poder".

Justa y consecuentemente por la misma ambivalencia significativa esférica y centrífuga del poder podría interpretarse que lo que era voluntad en Schopenhauer, poder en Nietzsche, líbido en Freud, ya había sido también poder en Tolstoi (en el epílogo a *La guerra y la paz*, título que asimismo sugiere oposiciones: relaciones) y del salto de un siglo a otro vino a convertirse en el juego del gato y el ratón para Elías Canetti o en algo que no está necesaria ni exclusivamente localizado —cree Michel Foucault— en el aparato del Estado sino afuera, ramificado en toda la sociedad. No hay un deseo de poder: el poder *es* deseo, concluye Gilles Deleuze. El poder es malo, muy malo —piensa E.M. Cioran—, porque dominar es un placer, un vicio; el poder *es* diabólico, desear el poder es la gran maldición de la humanidad.

Primero —como quien dice principio de autoridad, principio de contradicción o principio del placer— uno tiende a deducir el fácil, natural acabado de otra frase: el principio del poder. La analogía conceptual parece inédita, pero ya en 1978 François Laruelle había publicado *Más allá del principio del poder*: "El poder es el único *objeto filosófico* reciente que se ha vuelto interesante: ha sido novelizado, televisado, cinematografiado, moralizado, filosofado, psicoanalizado... resiste todos los tratamientos que se quiera... y sobrevive". Cree el ensayista francés que virtualmente el poder concentra todas las ambiciones políticas y la manifestación de las ideologías más contradictorias.

Laruelle toma nota de la reconsideración que en los últimos años se ha venido haciendo del poder: "Como antes la estructura o la existencia, el poder ha conquistado el gran estilo capitalista: como concepto su *valor de uso* es casi nulo. Sin embargo, su única utilización posible es la de su *valor de cambio*, a la que se ha reducido", y a diferencia de la "existencia" o la "estructura", que ocuparon los ocios de los filósofos y pensadores del pasado más o menos reciente, el poder resulta más manejable porque "tiene menos exigencias teóricas".

Hasta este punto, ¿qué tenemos? ¿Roces promiscuos entre filosofía y literatura? ¿Superficialidad periodística mediante la organización de los datos más a la mano? ¿Recapitulación de ideas ajenas? Todo esto y una misma exploración, tientos de los signos del poder en la región literaria.

La duda no es exclusiva de nadie. Laruelle desconfía de las descripciones historicistas y pintorescas que de manera fácil dan al lector moderno la sensación de que piensa. Cree que ha habido demasiadas mezclas entre filosofía, política y ciencias humanas, de filosofía y de historia de las instituciones, tantas como empastelamientos de filosofía y moral, ética y política, por lo cual quiere eximirse de añadir otras al ya saturadísimo mercado de la cultura.

Lo que sí quiere dejar muy claro es que lo propio del concepto de poder ("hablo solamente de su circulación, no de su producción real") es que no ha podido adquirir una existencia autónoma, es decir, convertirse en un concepto fundamental de la filosofía, sino sólo fuera de la filosofía, porque no se ha podido establecer claramente la cuestión de su senti-

23

do o, como dicen algunos filósofos, la cuestión de su "modo de ser". En última instancia, el valor del concepto de poder es antes que nada político y social, antes que teórico. Más que un concepto, se trata de un valor.

Sábese que en apariencia, y esto no es ponernos fenomenológicos, el poder es una relación: un campo magnético. Jan Kott repara en un parlamento de Lord Hastings, en *Ricardo III* de Shakespeare: "Huir del jabalí antes de que nos persiga sería incitarle a correr tras de nosotros y a caer sobre una pieza que acaso no tenía intenciones de cazar".

La percepción difiere poco de la que Elías Canetti tiene ante el juego del gato y el ratón, pero acentúa de igual manera la existencia de un espacio *relacional*. Por eso lo que importa del poder son sus relaciones.

Canetti discurre sobre el derecho del sobreviviente, sobre el poder que emana de dar muerte a los demás: ejerce el poder quien puede dar muerte a los súbditos.

Una vez atrapado, escribe Canetti en *Masa y poder*, "el ratón está bajo el régimen de fuerza del gato: éste lo agarró, lo mantiene apresado, su intención es matarlo. Pero apenas comienza a jugar con él, agrega algo nuevo. Lo suelta y le permite correr un trecho. No bien el ratón se vuelve y corre, escapa de su régimen de fuerza. Pero está en el poder del gato el hacerle regresar. Si le deja irse definitivamente, lo ha despedido de su esfera de poder. El espacio que el gato controla, los vislumbres de esperanza que concede al ratón, vigilándolo meticulosamente, sin perder su interés por él y por su destrucción, todo ello reunido —espacio, esperanza, vigilancia e interés destructivo— podría designarse como el cuerpo propiamente dicho del poder o sencillamente como el poder mismo".

El poder, pues, es un campo de relaciones. Es una intimidación.

Calicles hablaba en Atenas sobre el derecho del más fuerte: se devanaba los sesos deshilando la madeja teórica de una doctrina jurídica que veía como bueno, como legítimo, un derecho derivado de la victoria, de la muerte infligida al enemigo. Rousseau pone en *El contrato social* el ejemplo del hombre con una pistola en la mano al que alguien encuentra en un camino desolado y distante. ¿Quién tiene el poder en esa situación? "Si un bandido me sorprende en una selva, ¿estaré, no sólo por la fuerza, sino aun pudiendo evitarlo, obligado en conciencia a entregarle mi bolsa? Porque, en fin, la pistola que él tiene es un poder."

Si León Tolstoi elaboró una disquisición sobre el poder como motor de la historia, concluye, cuando mucho, que el poder es una relación como las que se establecen en la materia, en el juego de fuerzas de los átomos, imagen parecida a la del campo magnético, a la teoría del equilibrio de los cuerpos en el universo.

Tolstoi afirma la insustancialidad del poder, su falta de condición material: se trata de un fenómeno como el de la ley de la gravedad, como los fenómenos que tienen lugar en la naturaleza: "¿Cuál es la causa de los acontecimientos históricos? El poder. ¿Qué es el poder? La suma de las voluntades transmitida a un solo personaje. ¿Bajo qué condiciones se transmite la voluntad de las masas a un solo ser? Bajo la condición de que una sola persona exprese la voluntad de todos los hombres. Es decir, que el poder es el poder, o bien es una palabra cuyo significado no entendemos".

¿El motor de la historia? ¿La causa del poder?

Marcel Mauss indaga el origen de los poderes mágicos en las primeras comunidades tribales australianas, en los mitos, en las etapas más ancestrales y atávicas de la humanidad. En *Institución y culto* quiere desvanecer el vaho que deforma los rasgos más pronunciados del poder. Sospecha que el poder mágico "proviene del nacimiento, del conocimiento de las fórmulas y de las sustancias, de la revelación por el éxtasis", como si mediante una transposición analógica se estuviera refiriendo al gobernante: "El mago ocupa una situación privilegiada, cuya magnitud irá creciendo con la edad; en unas ocasiones es el jefe del grupo local, cuando existen jefes".

¿De dónde emana ese poder delegado, temporal o vitalicio? ¿Del consenso social? ¿De las armas? ¿Del fraude? La voluntad popular de las democracias representativas equivaldría en Mauss a "la perfecta credulidad de los clientes del mago" que no vive en un vacío social —inexistente por lo demás— sino en una provincia de relaciones. El mago "es un ser que ha creído y se ha colocado, al mismo tiempo que se la ha creído y se le ha colocado, en una situación sin par", de modo semejante al del mandatario. Ha bebido en el mundo de las fuerzas sobrenaturales, pero "esos espíritus, esos poderes, sólo tienen existencia para el *consensus* social, la opinión pública de la tribu". Como el Presidente, el primer ministro, el director, el rey, el usurpador, el mago "es un ser que la sociedad determina y empuja a verificar su personaje".

Sea de arriba hacia abajo o de manera horizontal, el poder es una relación. Según Nicos Poulantzas, se debe entender por poder, aplicado a las clases sociales, la capacidad de una o varias clases para realizar sus intereses específicos: "No es posible situarse fuera del poder y escapar a las relaciones de poder. La capacidad de una clase para realizar sus intereses está en oposición con la capacidad (y los intereses) de otras clases: el campo del poder es, pues, estrictamente *relacional*".

Hay ideas para todos los gustos y, se diría, para todas las necesidades. Algunos lectores ven una "obsesión moralista" en quienes experimentan el fenómeno del poder como algo malo, esencialmente inmoral. El poder también es creativo, dicen, y consigue el bien de las mayorías —el bien común— porque del talento para utilizarlo depende la resolución feliz de los asuntos graves. No tiene sentido, pues, la "demonización del poder"; es sofístico considerarlo "ontológicamente demoniaco". No es negro ni blanco. Es gris. No es bueno ni malo. Es como la cirugía o la guerra. Sería ése el justo medio de la moral maquiavélica.

Pero la historia *sabe*, dice Borges. Y es difícil que algo como el poder, que tiene como componente esencial la violencia, tenga en su cuenta más puntos a favor del bien que del mal.

Lo cierto es que —ya lo decía Hobbes en el *Leviatán*, ese gran tratado sobre el Estado moderno, totalitario o no— hay en la "humanidad entera, un perpetuo e incesante afán de poder, que cesa solamente con la muerte". Pero, escribe en 1969 Hannah Arendt, "la violencia aparece como prerrequisito del poder, del poder como simple fachada: el guante de terciopelo que oculta la mano de hierro".

Hegel pensaba que el trabajo de un escritor consiste en dar con el concepto adecuado de su época, "con ese cierto-justo que la explica". Tal vez el poder no sea el único concepto —excluyente, más que antes— que defina —como la propaganda— esta hora de la humanidad hacia finales del siglo XX, pero es sin duda uno de los grandes temas de nuestro tiempo.

PSICOPATOLOGÍA DEL PODER

Pertenecer al poder, ¿no es ya locura
y muerte? ¿No es locura y muerte el descender
del poder y, más aún, "bastardamente"?

Leonardo Sciascia, en el prólogo a
La Armada, de Franz Zeise.

Hijo de judíos españoles, Elías Canetti nació en una aldea del bajo Danubio, en Rutschuk (hoy Ruse), Bulgaria, el 25 de julio de 1905. "Mis antepasados tuvieron que abandonar España en 1492 y se llevaron su español a Turquía, donde se instalaron. En su nueva patria, y durante más de 400 años, conservaron puro ese español, que fue también mi lengua materna. Aprendí el alemán a los 8 años y me fui habituando a él cada vez más... A veces me siento un escritor español de expresión alemana", escribió el autor de *Masa y poder* en una de sus páginas autobiográficas.

Hacia 1911 se trasladó a Inglaterra y en 1913 a Viena. Durante sus últimos años vivió en Zürich. Su inscripción en estudios de ciencias naturales no lo ahuyentó de los círculos literarios y frecuentó la amistad de escritores como Karl Kraus y Robert Musil. Conoció también a Thomas Mann, a quien sometió la lectura de *Auto de fe*, pero el novelista alemán se la regresó sin leerla. Siempre practicante de una ética de la admiración, Canetti vio en Hermann Broch a uno de los autores más importantes del siglo. (En *El imperio perdido*, la lectura más penetrante que se ha hecho de Elías Canetti entre nosotros, José María Pérez Gay reúne en una "escena imposible" e imaginaria al autor de *La antorcha al oído* con Karl Kraus, Robert Musil, Hermann Broch y Joseph Roth.)

De joven, el ensayista galardonado con el premio Nobel de Literatura 1981 trabajó en un laboratorio de química, "con sus procesos y sus fórmulas", ocupación que para él significó "una disciplina muy particular para el oficio de escribir".

La primera edición de *Auto de fe* data de 1935 e iba a ser la primera de una serie de ocho libros, una especie de "comedia humana de los locos". Un día "se me ocurrió que el mundo no podía ya ser recreado como en las novelas de antes, es decir, desde la perspectiva de un escritor; el mundo estaba *desintegrado* y sólo si tenía el valor de mostrarlo en su desintegración sería posible ofrecer de él una imagen verosímil".

Un hombre, Kien (que en alemán significa resinosa o tea), vive rodeado de libros, quiere meterse todos los libros en la cabeza, saberlo todo, leerlos en 300 años, y es para Susan Sontag uno de esos "intelectuales sin conocimiento del mundo, fáciles de engañar, animados por un odio a las mujeres excepcionalmente inventivo". Entre su existencia y el mundo media una insaciable e insaciada cultura libresca que lo asfixia e inmola cuando se incendia su biblioteca, de ahí el auto sacramental de la cultura. El título de la obra en alemán es *Die Blendung*, literalmente: el "encandilamiento". El crítico colombiano Rafael Humberto Moreno Durán deduce que de Canetti hay huellas en *El tambor de hojalata*, de Günter Grass, en *El retoño* de Gisela Elsner, y en *Ferdydurke*, de Witold Gombrowicz.

Una de las primeras noticias de la existencia de Canetti, al menos para los lectores jóvenes de 1964, se localiza en el citadísimo párrafo de Hans Magnus Enzensberger en *Política y delito* que tuvo su inspiración justamente en *Masa y poder*: "El acto político original coincide, si damos crédito a Freud, con el crimen original. Entre asesinato y política existe una dependencia antigua, estrecha y oscura. Dicha dependencia se halla en los cimientos de todo poder, hasta ahora: ejerce el poder quien puede dar muerte a los súbditos. El gobernante es el *sobreviviente*. Esta definición procede de Elías Canetti, quien ha escrito una excelente fenomenología del poder".

Y en efecto, el escritor búlgaro de lengua alemana, que entre 1916 y 1924 cursó estudios en Zürich y Frankfurt, cree como algunos otros autores (Tolstoi, Calicles, Rousseau, Poulantzas, Foucault) que el poder es estrictamente *relacional* y ejemplifica la diferencia entre fuerza y poder en el juego (es decir, en la *relación*) que se da entre el gato y el ratón.

José María Pérez Gay no juzga a Canetti por lo que no es ni por lo que no se propuso, pero desliza la observación crítica de que su exploración "omite la modernidad previsible: las ciencias sociales, la psicología social o la historia. *Masa y poder* es una fenomenología de extraordinarias precisiones analíticas, pero uno encuentra en sus páginas un recuento natural antes que uno social, una zoología antes que una sociología". El tema de *Masa y poder*, reconoce Pérez Gay, es la muerte y la supervivencia. Las masas y el poder son el antídoto contra el aguijón de la muerte.

A través de la fenomenología y la dialéctica de los símbolos, Canetti vincula datos históricos y sociológicos con los resultados más recientes de la psicopatología, creando así una especie de nueva antropología patológica, que al estudiar la interacción entre la masa y el poder —según lo presentaba su editor en español, Muchnik, de Barcelona— "pone de manifiesto las anomalías patológicas del ser humano en su totalidad biopsíquica".

Canetti entiende el poder en función de la masa (la multitud) ante la dialéctica de la obediencia, al margen de las nociones de clase, Estado, nación, lo cual es para Susan Sontag "insistir en una comprensión ahistórica". Ni a Hegel ni a Marx se mencionan en *Masa y poder*, añade Susan Sontag, "no porque Canetti tenga tanta confianza en sí mismo que no se digne a dejar caer los nombres habituales, sino porque las implicaciones del argumento de Canetti son marcadamente antihegelianas y antimarxistas. Su método histórico y su temperamento político conservador acercan a Canetti más a Freud, aunque en ningún sentido sea freudiano". El objeto de su lucha es la única fe que dejó intacta la Ilustración, "la más ridícula de todas, la religión del poder".

Elías Canetti protesta contra el poder, el poder como tal; protesta contra la muerte. Y, como Freud, "disuelve la política en una patología".

Aunque hay quien piensa —Alain de Benoist, por ejemplo— que el ejercicio del poder no conduce obligadamente a su práctica patológica, tal parece que subsiste como una tentación irresistible. Se asemeja un poco a la cocaína. Quienes la consumen están convencidos de que no hace daño, pero se sabe —según la Organización Mundial de la Salud— que a la postre produce una fuerte dependencia psicológica. Al cabo de los meses y los años termina por volverse imprescindible. No se puede vivir sin ella. Sus efectos —los de la coca— tienen también su analogía con los del poder ("el mejor afrodisiaco", según Kissinger), pues su usuario se siente lúcido, seguro de sí mismo, controladamente prepotente, perdonavidas, generoso, y muy, muy ágil mentalmente.

Un pesimista profesional, E. M. Cioran, quiere quedarse más acá del poder. "Yo, paso", dice. "Creo que el poder es malo. Muy malo. Soy fatalista".

Cuando cierto discurso pone en circulación expresiones como "consulta popular", "redistribución del poder", "solidaridad", "pacto de civilidad", de lo que trata esa proclama es de justificar en la práctica el monopolio del poder. El objetivo único, excluyente, es preservarlo. A cualquier costo. ¿Acaso será distinto a los anteriores el grupo que "redistribuye" —es decir, que reparte— el poder entre los mismos miembros del tótem, eternos usufructuarios de un partido de vividores?

En tiempos en que la razón de Estado se confunde con la razón de Poder se pretende cocinar un discurso *nuevo* del grupo gobernante, lo cual no es sino "el dispositivo intelectual que trata de camuflar sus contradicciones y dar una apariencia universal a sus particulares intereses y puntos de vista", según escribe Xavier Rubert de Ventós en *Ensayos sobre el desorden*.

Habla allí del discurso que realmente corresponde a los intereses de una clase y que da forma verbal a su ideología. Y justamente el intelectual —el escritor fantasma— que se esconde tras los discursos del gobierno resulta el especialista que confecciona para la clase dominante esa "teodicea de su propio privilegio" adecuada a sus ansias de legitimación.

Rubert de Ventós toma nota de los magros beneficios materiales que resultan hoy todavía del monopolio del poder, tal vez por ello se sienta la necesidad de *redistribuirlo*. El filósofo catalán apunta que "este Estado sólo favorece la expresión y la realización de un tipo neurótico característico: el que se siente más atraído por el control de los demás que por el ejercicio de su propia injusticia. Se trata de individuos ansiosos siempre por asumir la responsabilidad —y la impunidad— del cargo público desde el que pueden tratar a los demás no como personas, sino como objetos del orden institucional en turno".

Los más peligrosos y costosos factores de inestabilidad de una sociedad son la concentración del poder político y económico: "Más costoso que el mantenimiento de todos los servicios públicos es la subvención del desequilibrio, la ineficacia y la demagogia que esta misma concentración genera." En las sociedades primitivas y clásicas del pasado había mecanismos reguladores, como el ostracismo, que tendían a inhibir la formación y la consolidación de estos "profesionales" del poder.

A propósito del "relevo del poder" que ahora se finge, viene al caso recordar que el sistema rotatorio de los cargos públicos en la Grecia preclásica y en la América prehispánica impedía el monopolio del poder por parte de unos cuantos individuos cuya misma "vocación política" bastaba para descalificarlos. Esos individuos, decía Aristóteles, "se aferran a los cargos públicos como si estuvieran afectados de una enfermedad que sólo pudiera curarse con su continuidad en el poder".

Hoy sabemos que se trata efectivamente de una enfermedad:

Cualquier persona dispuesta a los sacrificios necesarios para llegar a ser Presidente o Jefe de Gobierno "debe estar afligida por una imperiosa y violenta necesidad de dominar a los demás: de sublimar su impotencia a niveles más inmediatos; de pasar a otros el escozor que le dejó la obediencia a su padre, su capitán, su mujer, su maestro".

En todos los países abundan hombres dedicados al quehacer público y a quienes el poder no debería nunca entregarse: "El poder de controlar y decidir sobre la vida de los demás no debería estar en manos de alguien lo bastante enfermo para buscarlo".

Por eso, añade Rubert de Ventós, en la antigüedad se procuraba que cuando un grupo se afianzaba al poder y hacía peligrar la libre circulación del mismo, aplicaran los clásicos otro mecanismo de seguridad: el ostracismo.

La idea era evitar la consolidación del poder, saludable práctica que también se advierte entre los zapotecas: no se plantean "la acumulación de la riqueza como una injusticia sino, ante todo, como un desequilibrio y un peligro público".

Con parecido escepticismo E. M. Cioran piensa lo suyo:

"Creo que el poder es malo. Muy malo. Soy fatalista y estoy resignado ante el hecho de su existencia, pero es una calamidad. He conocido gentes que han llegado a tener poder y es algo terrible. ¡Algo tan malo como que un escritor llegue a hacerse célebre! Es lo mismo que llevar un uniforme. Cuando se lleva uniforme ya no se es el mismo. Bien, pues alcanzar el poder es llevar un uniforme invisible de forma permanente.

"¿Por qué un hombre normal, o aparentemente normal, acepta el poder: vivir preocupado de la mañana a la noche, etcétera? Porque dominar es un placer: un vicio. Por eso no hay prácticamente ningún caso de dictador o jefe absoluto que haya abandonado el poder de buen grado. El caso de Sila es el único que recuerdo.

"El poder es diabólico: el diablo no fue más que un ángel con ambición de poder, luego entonces ni un ángel puede disponer del poder impunemente. Desear el poder es la gran maldición de la humanidad".

ANIMALIDAD POLÍTICA

Hasta ahora la mejor reflexión que se ha hecho acerca de si los políticos pueden o no ser honestos es de 1513. De una sentada, Maquiavelo escribió *El Príncipe* entre agosto y diciembre de 1513. Su seguridad, su tono, su contundencia, tiene la arbitrariedad poética de un ensayo literario deslumbrante. Describe cómo es el poder, no cómo debería ser. No propone que así deba ser: dice que así es. Más que como filósofo que avanza sobre un pensamiento "sistematizado", Nicolás Maquiavelo procede como un escritor, como Nietzsche, como Elías Canetti. Se queda en el enunciado y no se preocupa por demostrarle nada a nadie. Cuenta, eso sí, con la inteligencia del lector que debe completar su sugerencia. Tal vez por ello su texto —su dilema moral, su paradoja ética, su otra legalidad, su predicamento insoluble— sigue discutiéndose cinco siglos después.

"No era un filósofo", dice Isaiah Berlin. "No se dedicó a la tarea de examinar, ni siquiera de explicar, las implicaciones de sus propias ideas".

Por eso podría decirse que Maquiavelo pervive porque la suya es una intuición poética. Y a través de ella su pensamiento sigue vigente.

El famoso capítulo XVIII de *El Príncipe*, en el que se habla de la palabra empeñada y de la posibilidad de no cumplir con ella, es el que más incide en lo que podría reconocerse como una "ética", una "moralidad" distinta a la convencional y que —si se trata de conservar el Estado, es decir: el Poder— justifica cualquier acción. Todo se vale. Al fin y al cabo los actos del Príncipe siempre serán honorables. Ésa es la lógica de Maquiavelo.

En una de sus últimas clases del Colegio de Francia, en 1978, Michel Foucault dijo ante más de cien testigos que el libro de Maquiavelo "es un tratado sobre la habilidad del Príncipe para conservar su principado". Y es que para Maquiavelo toda la razón de ser de la política es mantener el poder. A partir de ahí, de preservarlo, guardarlo, protegerlo, resguardarlo, salvaguardarlo, sostenerlo, todo es posible. Foucault interpreta que en *El Príncipe* —considerado primero en la tradición de los libros de "consejos al gobernante" y luego en la línea de los consagrados al "arte de gobernar"—, se intenta identificar los peligros (de dónde vienen, en qué consisten, cuál es su intensidad, cuál es el mayor, cuál el menor) y de desarrollar el arte de manipular las relaciones de poder que permitirán al Príncipe hacer de modo que su principado, como vínculo con los súbditos y el territorio, pueda ser protegido. "Pero ser hábil en conservar el principado no significa en realidad poseer el arte de gobernar", advierte.

"¿Cuál es el fin de un príncipe?", se pregunta Norberto Bobbio. "Mantener el poder", se contesta. Y se explica: "El juicio sobre la bondad o la maldad de un príncipe no parte de los medios que utiliza, sino solamente del resultado".

Para el profesor turinés el juicio de Maquiavelo no es moralista. Su criterio para distinguir la buena de la mala política es el éxito, y el éxito para un príncipe nuevo se mide por su capacidad de conservar el Estado.

¿Cuál es la diferencia entre un buen gobernante y uno malo? "Eso depende", escribe Maquiavelo, "del buen o mal uso que se haga de la crueldad". Su bondad o su maldad se mide por su eficacia.

Antes de Clausewitz, Maquiavelo asoció la política con la guerra. La lógica política es lógica militar. Lo que hay para ambas es un juego de fuerzas, un campo magnético estable o inestable. Y lo que anda en medio podría ser el poder. Roberto González Villarreal, en una muy penetrante lectura de *El Príncipe*, lo entiende así: "El arte de la guerra, que aparece reiteradamente en el texto a través de ejemplos y batallas, no es ni una metáfora, ni un recurso: es una definición, el único contenido posible del poder, la agonística [ciencia de los combates, arte de los atletas] de los sujetos y los medios para preservarlo: un combate sin fin. El poder existe en su preservación; no tiene otro origen ni otro destino".

Maquiavelo parte de la *verità effetuale della cosa*, de la verdad real de la cosa: de la verdad de los hechos, de las cosas como son, no como deberían ser. Prefiere irse directamente a la verdad real de las cosas y no encomendarse a la invención. No está diciendo que el mundo tiene que ser así. Está afirmando que así es. Los hombres, por ejemplo. Casi siempre son malos. Sería una ingenuidad entregarse a un proyecto social (la organización del Estado) suponiendo que todos los hombres son buenos. Sería suicida.

Una de las enseñanzas de Bobbio es hacernos relacionar a los clásicos con nuestro lugar y nuestro tiempo. Platón está hablando de nosotros en este momento, en 1994. Hobbes se está refiriendo ahora a las elecciones en Yucatán. Weber no entiende por qué el gobierno es juez y parte en la calificación de las elecciones. Maquiavelo sabe por qué están haciendo lo que hacen quienes sienten que pronto pueden perder el poder en México y por qué su única apuesta —o su apuesta mayor— es la propaganda.

Para que no se acabe su poder, el Príncipe (es decir, el Presidente) debe dejar salir la bestia que trae adentro, siendo como es el más animal de los humanos. Tiene que ser mitad bestia y mitad hombre, como el centauro Quirón, y saber utilizar una y otra naturaleza: un par de rostros, dos o tres máscaras, un discurso esquizoide.

Condenado a hacer uso de su mejor animalidad política, el Príncipe (el Presidente) "debe elegir entre la zorra y el león, porque el león no se protege de las trampas ni la zorra de los lobos".

Por tanto, "es necesario ser zorra para conocer las trampas y león para amedrentar a los lobos". La astucia y la fuerza, la malicia y la violencia.

En cuanto a la palabra empeñada (como el juramento ante la Constitución), el Presidente no tiene por qué cumplirla. No debe guardar fidelidad a su palabra cuando esa fidelidad se vuelve en contra suya y han desaparecido los motivos que determinaron su promesa. Es un principio de realidad, o más bien: se trata del principio del poder. Para preservarlo no hay que perder de vista que no todos los hombres son buenos, "puesto que son malos y no te guardarían a ti su palabra; así, tú tampoco tienes por qué guardarles la tuya".

Una vez que el animal político se trepa en el trono del poder tiene que seguir dando de coletazos a sus enemigos, según la lógica a que lo condena un párrafo de Maquiavelo. El poder nunca es seguro. Nunca es estable. Se ve a los príncipes prosperar hoy y caer mañana. Para conservar el poder tiene que comportarse como una bestia, es decir: como un león y una zorra al mismo tiempo. Tiene que tomar en cuenta la tempestad aunque el mar esté en calma.

"Un príncipe que quiera *conservar* el Estado se ve frecuentemente forzado a no ser bueno [...].

"A menudo se ve obligado, para *conservar* su Estado, a actuar contra la fe, contra la caridad, contra la humanidad, contra la religión. Por eso necesita tener un ánimo dispuesto a moverse según le exigen los vientos y las variaciones de la fortuna y a no alejarse del bien, si puede, pero a saber entrar en el mal si se ve obligado".

Otro postulado de Maquiavelo, también en *El Príncipe*, constriñe al animal político a *preservar* su poder antes que cualquier otra cosa:

"Trate, pues, un príncipe de vencer y *conservar* su Estado, y los medios siempre serán juzgados honrosos y ensalzados por todos, pues el vulgo se deja seducir por las apariencias y por el resultado final de las cosas, y en el mundo no hay más que vulgo".

Léase *El Príncipe* con marcador en mano y márquese de amarillo el verbo *conservar* cada vez que aparezca en sus diversas declinaciones.

Léase Presidente donde dice Príncipe, y Poder o PRI donde dice Estado o Principado. Se entenderá así mucho de lo que hoy, hacia finales del siglo, está sucediendo en México. Se comprenderán algunas de las iniciativas (las que sean) que el actual grupo gobernante toma para preservar el poder. Y, además, se tendrá la experiencia de una lectura muy fascinante y muy divertida de *El Príncipe*, pues un libro es clásico cuando sigue vigente.

El animal político tiene el mismo instinto de conservación hoy a finales del siglo XX que en el siglo XVI, cuando el florentino escribió su ensayo. Se inferiría que el principio del poder consiste precisamente en eso: en conservarse. Es un principio como el del placer, de Freud, que ante todo quiere repetirse, pero en lo fundamental quiere preservarse, es decir: permanecer en su ser.

Todas las acciones del príncipe están encaminadas a conservar el poder. Absolutamente todas: desprestigiar al enemigo, en primer lugar, por medio de un fuerte dispositivo de propaganda. No se puede mantener el poder sin los medios: sin los periódicos, sin

41

Televisa, sin el Sistema Propagandístico Gubernamental. No se puede gobernar sin ellos.

Si se contempla el poder como una situación, como un hecho consumado o un combate sin fin, como dice Roberto González Villarreal, también debe concluirse que su objetivo es sobrevivir al infinito:

"Si el poder no es una sustancia, ni un referente, ¿qué es? Es una situación, una posición ganada por la fuerza, el valor, el azar o la fortuna, cuyo propósito no es otro que *mantenerse*. Justo como una fortificación o un espacio en la guerra; todo se vale, entonces, para *resguardarlo*", ha escrito el mismo Roberto González Villarreal. (El subrayado es nuestro.)

Pero, ¿por qué la propaganda es uno de los signos más obvios de la desesperación —del miedo a perder el poder— y uno de los instrumentos aparentemente más eficaces para conservarlo si no existe una barrera ciudadana que se le oponga?

Porque tiene que ver con la imagen. Con lo que se ve y se dice y no con lo que se hace o palpa. Ya lo había previsto Maquiavelo: tan importante es tener el poder como *aparentar* tenerlo. "Los hombres en general juzgan más por los ojos que por las manos, ya que a todos les es dado ver, pero a pocos palpar. Cada quien ve lo que pareces, pocos palpan lo que eres".

La verdad no es la relación justa entre el hecho y el dicho, sino lo que el Poder establece como verdad con su enorme aparato de propaganda. El que grita más fuerte y más veces es el dueño de la verdad. La verdad del poder.

El Príncipe (el Presidente) tiene que actuar como si no hubiera la menor duda acerca de su legitimidad. Y debe despertar temor. Entre ser odiado o amado por el pueblo, el Príncipe (el Presidente) prefiere ser temido. En sus acciones debe verse su grandeza de ánimo, su valor, su firmeza y su fortaleza. Puede perfectamente ser temido y no ser odiado.

El logro cardinal de Maquiavelo, razona Isaiah Berlin en *Contra la corriente*, es el descubrimiento de un dilema insoluble: "el plantear una interrogación permanente en la senda de la posteridad". Es éste el nudo gordiano que Maquiavelo ha enredado, un nudo que puede ser cortado pero no desanudado. Maquiavelo arrancó las máscaras de la hipocresía, revelando brutalmente la verdad. Ayudó a que los hombres se hicieran conscientes "de la necesidad de tener que hacer elecciones dolorosas entre alternativas incompatibles en la vida pública y en la privada". Su logro es de primer orden, si sólo fuera porque el dilema nunca ha dado paz al hombre desde que se arrojó luz sobre él (sigue sin ser resuelto, pero hemos aprendido a vivir con él). "Los hombres han experimentado con bastante frecuencia en la práctica, sin duda, el conflicto que Maquiavelo hizo explícito. Convirtió su expresión de una paradoja en algo que se acerca al lugar común."

En ningún momento —añade Isaiah Berlin— Maquiavelo niega las virtudes cristianas ni afirma que sean buenas la crueldad, la mala fe, la tortura, la matanza de inocentes. Lo que estatuye es que para conseguir el bien, es decir: un todo social fuerte y bien gobernado, y construir una comunidad gloriosa como la de Atenas o la de la Roma republicana, el gobernante no puede obedecer el código moral cristiano. Su proyecto se desmoronaría. Para un destino personal, individual, como la salvación del alma, sí valen los preceptos cristianos. Pero para edificar un Estado, no. No puede el Príncipe perder de vista que los hombres no son buenos y que es ocioso esperar que lleguen a serlo. Es un principio de realidad: el principio del poder.

EL FILÓSOFO DE
LA CABEZA RAPADA

A Leonardo Sak

Lo que se podría decir de Michel Foucault (nacido en Poitiers en 1926 y muerto en París en 1984) es que, por lo menos, nos enseñó a pensar de otra manera, al margen de las instituciones, y a poner en entredicho las formulaciones que (a lo largo de la historia de las ideas) han arraigado como conocimientos.

Sus incursiones en los campos de la psiquiatría (la locura, la práctica del hospital), el derecho penal (la prisión, las formas de indagación y establecimiento de la verdad jurídica), la sexualidad (cómo y por qué se nos ha dicho que el secreto de nuestra verdad reside en el sexo) suscitaron como natural la pregunta de por qué el autor de *La arqueología del saber* no frecuentaba otros terrenos. A los geógrafos les hizo ver que sería infinita la lista de todas las ciencias de que no se ocupaba: "No hablo de la bioquímica, no hablo de la arqueología. Incluso no he hecho una arqueología de la historia".

¿Por qué?

Porque nunca se propuso hacer una historia general ni una crítica de todas las ciencias humanas. Si intentó indagar la genealogía de la psiquiatría fue "porque tenía una cierta práctica y una cierta experiencia del hospital psiquiátrico y percibía allí combates, líneas de fuerza, puntos de enfrentamiento, tensiones".

La tendencia a metaforizar —adaptar términos y verbos procedentes de la física, la química, el saber militar— no es de los gestos menos fecundos de su pensamiento; conseguía así el "efecto literario" justo con la misma eficacia de algunos de sus contemporáneos (Gilles Deleuze, René Girard) al proseguir la vena más creativa de la literatura francesa: el ensayo, la aventura (los riesgos) de la imaginación que va de Montaigne al ensayo novelístico de Marcel Proust. "Dispositivo" (vocablo más propio de la mecánica automotriz o de uso natural entre los fabricantes de armas) o verbalizaciones como "motorizar" o "permeabilizar" empezaron a hacer cada vez más claras y afiladas las explicaciones de Foucault.

Así, pues: origen, génesis del conocimiento. ¿En qué instante de la historia empezaron a cuajar algunas de las ideas que los hombres se hacen unos de otros y de las cosas?

"Lo que me interesa es investigar la forma en que el conocimiento se relaciona con las instituciones, con la organización social y política: en pocas palabras, el análisis entre el *saber y el poder*", dijo en 1975 en Río de Janeiro.

Y le explicó a los profesores y estudiantes cariocas: "Voy a invocar razones biográficas que expliquen mi interés por las relaciones entre poder y conocimiento. Terminé mis estudios en Suecia, después viví en Polonia y Alemania, y en todas partes, por una serie de razones, siempre fui un *extranjero*. Otro hecho importante es que no soy médico, pero tampoco soy un neófito; no soy lo que se podría decir un historiador, pero me intereso en la Historia; ni siquiera soy un verdadero profesor porque en el Collège de France sólo se tiene la obligación de dar un cierto número de conferencias al año. En consecuencia, quizás el hecho de haber vivido siempre en el límite, digamos exterior, de las relaciones entre conocimiento y poder, es lo que me ha llevado a interesarme en estas cuestiones".

Saber es poder. El conocimiento es poder (de ahí la atención que los gobiernos ponen en las universidades, en los laboratorios, en los intelectuales, en esa otra forma de conocimiento efímero y vulgar: la propaganda y la información, tanto la de la prensa como la del espionaje) y alguna diferencia ha de haber en los matices semánticos a que se trasladan o traducen las ideas. ¿Por qué decir *Power and knowledge* o *An archeology of knowledge* y *La arqueología del saber* y no "Arqueología del *conocimiento*"? Orígenes, génesis, matriz del conocimiento o de las formas de ir conociendo a lo largo de la historia, y no arqueología del "saber" a secas, del amargo saber, como recipiente del conocimiento acumulado: de ahí el sentido de las palabras y las cosas de Michel Foucault.

El autor de *El nacimiento de la clínica* estudió filosofía, psicología y psicopatología antes de ser admitido en el mayor hospital psiquiátrico de París para trabajar "con un especialista muy conocido". Pero en ese trabajo no tenía una función definida, lo que quizás, admite Foucault, hubiera podido ser fundamental para adquirir una especie de percepción de las relaciones entre los médicos y los enfermos.

En los años en que renació un interés más o menos general por la locura —la crítica al hospital psiquiátrico, los libros de Ronald Laing y David Cooper, Franco Basaglia—, hacia 1975, Michel Foucault empezó a ser más conocido y sus ideas a salir del apretado ámbito académico. El tema de la locura alcanzó entonces una dimensión política, tanto como la defensa del enfermo mental.

Pero por fijarse en el poder suele uno olvidarse de la explotación, se le dice a Foucault. Sí, contesta, y también del deseo y del interés: "Las relaciones entre deseo, poder e interés, son más complejas de lo que ordinariamente se piensa... Hizo falta mucho tiempo para saber lo que era la explotación. Y el deseo ha sido y es todavía un largo asunto".

Se olvida asimismo —por fragmentar las luchas entre minorías sexuales o raciales: el problema es de clase, no de sexo, no de hombres ni de mujeres ni de homosexuales aislados— si no la lucha de clases, al menos la existencia misma de las clases sociales:

"Si se lucha contra el poder, entonces todos aquellos sobre los que se ejerce el poder como abuso, todos aquellos que lo reconocen como intolerable, pueden comprometerse en la lucha allí donde se encuentran y a partir de su actividad (o pasividad) propia.

"Las mujeres, los prisioneros, los soldados, los enfermos en los hospitales, los homosexuales han abierto en este momento una lucha específica contra esa forma particular de poder que son la imposición y el control que se ejerce sobre ellos. Estas luchas forman parte actualmente del movimiento revolucionario, a condición de que sean radicales..."

En *Un diálogo sobre el poder*, se reeditan algunas conversaciones (como la que tuvo Foucault con Gilles Deleuze) ya publicadas en *Microfísica del poder*. En estos intercambios se ve cómo el poder —como "objeto filosófico"— se les escurre de las manos a los interlocutores, como un pez agonizante y resbaloso. Sin embargo, mientras se les escabulle se enteran más o menos, junto con el lector, de qué manera el poder se cimenta, se coagula, se derrama entre lo más oculto del cuerpo social: en todos sus intersticios.

Metáforas bélicas, símiles de la electricidad o de la química, nociones de la física traspuestas por extensión o analogía, sirven a Foucault con más plasticidad significativa que las conceptualizaciones derivadas de las llamadas ciencias sociales para vislumbrar por dónde va a saltar la liebre: por dónde palpita el poder.

Fascinados con el poder como antes sus coterráneos con la "estructura", la "existencia", la "explotación" o la "muerte de Dios", Foucault y sus interpeladores reparan en la tendencia ya no tan actual de ver el poder sólo en la forma y los aparatos del Estado. Y lo siguen buscando. Todavía no lo encuentran porque parece estar en todas partes y en ninguna. ¿Por qué?

Porque el poder en Occidente es lo que mejor se muestra y lo que mejor se esconde. Lo que desde el siglo XIX llamamos "vida política (un poco como la Corte en la época monárquica) es el modo que tiene el poder de ofrecerse en representación", escribe el autor de *Las palabras y las cosas*.

¿Cuándo fue que Foucault empezó a explorar las zonas más disimuladas en las que operan las relaciones de poder fuera de sus modalidades estatales?

Fue durante la elaboración de *Vigilar y castigar*. O más bien, "a partir de una serie de acontecimientos y experiencias iniciadas en 1968 a propósito de la psiquiatría, la delincuencia, la escolaridad".

Pero al mismo tiempo esos hechos no hubieran cobrado todo su sentido "sin el fondo de esas gigantescas sombras que fueron el fascismo y el stalinismo. Del mismo modo que la miseria obrera —esa subexistencia— hizo pivotear el pensamiento político del siglo XIX en torno de la economía, esos sobrepoderes que son el fascismo y el stalinismo provocan la inquietud política en nuestras sociedades actuales". (Todo esto dicho, *bien entendu*, en 1972. Hubiera sido interesante escuchar a Foucault después de 1989.)

Como escritores, filósofos, periodistas, policías, psicoanalistas, discípulos, geógrafos, gastroenterólogos, sacerdotes —sujetos todos de los varios niveles del interrogatorio—, Gilles Deleuze, David Cooper, Jean-Pierre Faye, Marine Zecca, Bernard Henry-Levy, M. Fontana, interpelan al autor de *La arqueología del saber*. Y Foucault se coloca en el terreno del que sabe que no sabe: "Mi problema es la política de la verdad". Vivimos, dice, en una sociedad que marcha en gran parte "por la verdad", que produce y pone en circulación discursos que cumplen función de verdad. La historia de la "verdad" —del poder propio de los discursos aceptados como verdaderos— está todavía por hacerse.

En las primeras páginas, Miguel Morey recapitula algunas de las ideas más antiguas y más recientes sobre el poder:

El poder es algo que posee la clase dominante.

El poder no se posee: se ejerce.

El poder no es una propiedad: es una estrategia.

El poder es algo que está en juego.

El Estado no es un lugar privilegiado del poder.

El poder es un efecto de conjunto, un campo magnético.

El poder no es una mera superestructura; toda economía presupone unos mecanismos de poder inmiscuidos en ella. Hay que sustituir la imagen negativa del poder (oculta, corrompe, reprime, impide...) por una positiva: el poder produce, el poder inventa.

Pero hay una incómoda inexactitud en toda esta acumulación viciosa de ideas ajenas (¿no sería posible escribir sin citar?): no es que no se sepa lo que es el poder, o quién lo ejerce, o quién lo posee, o cómo se desborda por encima y por entre las porosas membranas de la sociedad y de la historia. Lo que sucede es que no se da aún —y qué bueno— con una definición fija. Se tiene una idea errátil de lo que es el poder pero no se ha logrado amarrarla sin nudos flojos. Es lo de menos. La camisa de fuerza o el muro inderruible de las definiciones tal vez sólo valgan en el campo concreto de la mecánica automotriz o en el tramposo, acomodaticio ámbito de la ley ("ya se sabe que el derecho no describe el poder", dice MF) y del sistema penal. De servir las definiciones en la filosofía se paralizaría el pensamiento y si, por otra parte, ni siquiera los franceses *of all people*, que se pasan la vida haciendo teorías, saben todavía lo que es el poder, ¿quién carajos lo va a saber entonces?

Por eso, ya lo pensaba Nietzsche o lo escribía Foucault, hay un saber para la vida y un saber para el poder: el amargo saber.

Ese saber para la vida y no para el poder es el que camina a lo largo de un discurso que no quiere las Verdades Universales del poder. Opera con "verdades" parciales, sin mayúscula. Como lo hacía Nietzsche, al margen de toda sistematización. Como parece intentarlo Foucault. Sus palabras tienen la sabiduría de la ignorancia y de la duda, y se hermanan con las ambigüedades, las ambivalencias significativas del enunciado literario que siempre se está riendo de sí mismo y no se quiere imponer como exclusivo ni excluyente.

No es sustantivo el poder: es adjetivo. "No es una institución, una estructura, o una cierta fuerza con la que cuentan algunos individuos; no, el poder es más bien el nombre que se le da a una compleja relación estratégica en una determinada sociedad", en y a través de una serie de intercambios a veces impredecibles como los de la bioquímica del cerebro.

Leído, oído, escrito así: *gubernamentalidad* el neologismo de Michel Foucault sugiere la idea de las posibilidades reales para el ejercicio del poder desde el Estado; o mejor: las condiciones de posibilidad para gobernar. De ahí que *gouvernementalité* se suela traducir como gobernabilidad en español, *gobernmentality* en inglés, y *governamentalitá* en italiano.

Pero cuando Foucault entra a explicar que lo que ha sucedido con el Estado es que se ha llenado de gobierno, que el gobierno lo ha opacado, porque en el más reciente tramo del quehacer histórico social, el Estado se ha *gubernamentalizado*, vemos que no podemos decir *gobernalizado*. No suena bien. Es un problema que consiste en extraer un sustantivo de un adjetivo, *gubernamentalidad* a partir de *gubernamental*. En fin, es un problema como para Antonio Alatorre: ¿se debe decir *gobernabilidad* o *gubernamentalidad*?

Lo cierto es que la grafía misma de la palabra insinúa la idea de *mentalidad*: la cultura del "arte" de gobernar, lo que todavía hace unos años podría reconocerse como (para usar una palabra ya muy desprestigiada) *ideología* del poder. Las palabras y su sonido sugieren algo así como una "mentalidad de gobierno".

Al razonar en torno a las nociones de "seguridad, territorio y población" durante su curso en el Collège de France (1977-1978), Michel Foucault dijo que un título más exacto de sus clases hubiera sido *"histoire de la gouvernementalité"*.

Quería decir tres cosas con la expresión *gubernamentalidad*:

1. El conjunto de instituciones, procedimientos, análisis y reflexiones, los cálculos y las tácticas que permiten ejercer esta forma muy específica aunque compleja de poder, que tiene como objetivo la población, como principal forma de conocimiento la economía política, y por instrumento técnico esencial los dispositivos de seguridad.

Se gobierna, pues, para y con la población (la gente), con el conocimiento y la práctica de la economía política, y con los aparatos de seguridad: el ejército y la policía.

(Tal vez le haya faltado a Foucault considerar los medios masivos de gobernación: los periódicos y los medios audiovisuales. En México por lo menos, sería impensable el gobierno sin la propaganda del poder, sin los diarios, sin Televisa, sin el Complejo Propagandístico Gubernamental. Se gobierna, entre otras cosas, pero sobre todo, con los medios de información y propaganda. Y con ellos también se intenta permanecer en el poder.)

2. La tendencia que en Occidente siempre ha conducido al predominio de este tipo de poder, que se puede llamar *gobierno* y que está por encima de todos los otros: la soberanía, la disciplina, etcétera.

3. El resultado del proceso a través del cual el Estado de justicia de la Edad Media, que en los siglos XV y XVI se volvió Estado administrativo, poco a poco se ha "gubernamentalizado".

"Después de todo, tal vez el Estado no sea sino una realidad compuesta, una abstracción mítica cuya importancia es mucho menor de la que imaginamos. Lo importante para nuestra modernidad no es tanto la estatización de la sociedad como la *gubernamentalización* del Estado".

Vivimos en la era de la gubernamentalidad, tal y como se descubrió en el siglo XVIII.

Si los problemas de la gubernamentalidad, las técnicas de gobierno, se han vuelto el único espacio real de la lucha política, es porque la gubernamentalización del Estado es la que ha permitido que sobreviva el Estado, y si hoy el Estado es lo que es, se debe precisamente a esta gubernamentalidad. Las técnicas de gobierno son las que permiten ir definiendo lo que compete al Estado y lo que no le compete, lo que es público y lo que es privado. Entonces, el Estado en su supervivencia y en sus limitaciones sólo puede entenderse a partir de las tácticas generales de la gubernamentalidad.

El "Estado de gobierno" no se apoya tanto en el territorio como en la población, utiliza el saber económico para sus decisiones, y correspondería a una sociedad controlada por los dispositivos de seguridad.

En otras palabras: la gubernamentalidad nace de un modelo arcaico que es la pastoral cristiana, y surge también de una técnica diplomática militar que se perfeccionó a escala europea con el Tratado de Wes-

tfalia. Lo que más adelante intenta dilucidar Michel
Foucault es cómo la gubernamentalidad llega a tener
las dimensiones que tiene sólo gracias a una serie de
instrumentos específicos que desde los siglos XVII y XVIII
se conocen como *policía*.

Los tres elementos, pues, a partir de los cuales se ha
podido producir este fenómeno fundamental en la
historia de Occidente que es la gubernamentalización
del Estado, son: el modelo arcaico de la pastoral cristiana (el gobierno de las almas), las nuevas técnicas
diplomático-militares y, en fin, la policía.

EL PODER INVISIBLE

Piensa Elías Canetti que el gran tema de Franz Kafka es el poder. Kakfa, si bien se lee, es, en efecto, un ingeniero de esos menesteres, de esos quereres, de esos poderes. Ahora más que antes se delínea mejor contra el horizonte la gran metáfora del poder invisible que comporta *El proceso*.

No de otra cosa escribe Franz Kafka: de un poder sin rostro, ubicuo, enmascarado, que está en todas partes y en ninguna: el poder que no da la cara, el poder que amenaza: el poder que tira la piedra y esconde la mano.

En *El otro proceso de Kafka*, Canetti se muestra harto de quienes de manera reduccionista esquematizan un "universo kafkiano" en el que la sociedad desintegra al hombre. No emprende la defensa del incomprendido padre de Kafka, pero sí hace ver que el papá no era el ogro filantrópico de sus desventuras. "Lo que oprimía a Kafka no era su padre sino el Poder como ente abstracto y generalizado, del que su padre era un vínculo circunstancial", dice Mario Muchnik. Entre la pena y la gloria, entre la pena y la nada (como decía Faulkner), Kafka elige el fracaso, se retira "del poder en cualquier forma que aparezca", incluso dentro del matrimonio, pues huye del "ajo de la coyungalidad" (Deleuze) como de la peste. Canetti analiza las

55

cartas de Kafka a su novia Felice, con quien nunca se casó, la muchacha encantadora que vivía en Berlín, y ve cómo Kafka al lazo conyugal, comprometido y cotidiano, en el que se desvanece el amor o puede darse el fraude del amor, prefiere una dilatada (y voluminosa) relación epistolar.

En *Masa y poder*, Elías Canetti apunta que "nada teme más el hombre que ser tocado por lo desconocido. Desea saber quién es el que lo agarra: le quiere reconocer o, al menos, poder clasificar". En cuanto se sabe qué es, de quién es el repentino e inesperado zarpazo procedente de las tinieblas, el temor disminuye. Continúa el peligro, pero ya se le conoce: se le ha identificado. Lo contrario —el no saber quién lanza el ataque— es el terror.

En *El castillo*, esa otra enorme metáfora sobre el poder, el protagonista intenta establecerse y se acerca cada vez más a los poderes que gobiernan el castillo, pero nunca logra alcanzarlos. Sólo ve a ciertos funcionarios menores que todo el tiempo se retiran.

El 23 de agosto de 1971 la BBC de Londres transmitió una conversación sostenida entre Idris Parry y Elías Canetti que, traducida por María Guadalupe R. de Jácome, dio a conocer hace unos años *La Gaceta* del Fondo de Cultura Económica:

"Creo que en Kafka hay una fuerte antipatía por los poderes. Tal vez ésta es una de las cosas que nos atraen, porque en la actualidad estamos hartos del poder. Al igual que los protagonistas de estas novelas, estamos amenazados por poderes que no podemos controlar, y los poderes más peligrosos de nuestro mundo actual son misteriosos. Cuando pensamos en las cosas que podrían suceder cualquier día, que podrían desatarse contra nosotros, cosas muy enigmáticas, vemos que son similares a los poderes que Kafka describe ahí. Pienso que por esto pinta nuestra propia situación. Por esto, Kafka es el mayor experto en poder en quien puedo pensar", dijo Elías Canetti.

El tema, por lo menos entre los filósofos de la política, como Norberto Bobbio, tiene que ver con la democracia, en la que es un ideal la transparencia, es decir: el poder visible.

En la patria del profesor turinés, Italia, la presencia del poder invisible (mafia, camorra, logias masónicas atípicas, servicios secretos no controlados) es, valga la paradoja, extremadamente visible.

Para Alan Wolfe, autor de *The limits of legitimacy*, existe un "doble Estado", doble en el sentido de que al lado de un Estado visible opera un Estado invisible. La democracia, piensa Bobbio, "nació bajo la perspectiva de erradicar para siempre de la sociedad humana el poder invisible, para dar vida a un gobierno cuyas acciones deberían haber sido realizadas en público".

Un gobierno democrático, a diferencia del Estado absoluto que reivindica los *arcana imperii* (los poderes secretos) o el secreto de Estado, se basa en la convicción de que hay que dar vida a la transparencia del poder: al "poder sin máscaras".

Los ciudadanos tienen derecho a saber. La cosa pública es, por definición, pública.

En *El futuro de la democracia* Norberto Bobbio caracteriza al gobierno de la democracia como el gobierno del poder público en público: un poder publicitado, abierto, a la luz del día y de la verdad. En esta declaración elemental se apoya el derecho de los periodistas a indagar la verdad y a informar. Si el poder no lo entiende, o si al poder no le gusta, es porque algunos de sus representantes carecen de la más rudimentaria educación republicana y desdeñan, después del advenimiento del Estado constitucional, el principio de la publicidad del poder.

"El tema más interesante, en el que verdaderamente se puede poner a prueba la capacidad del poder visible de develar al poder invisible, es el de la publicidad de los actos del poder que, como se ha visto, representa el auténtico momento de cambio en la transformación del Estado moderno de Estado absoluto en Estado de derecho".

A sus 80 años recién cumplidos, el senador vitalicio, socialista, el profesor Bobbio, no se hace demasiadas ilusiones: reconoce que la *debellatio* del poder invisible por parte del poder visible aún no ha tenido lugar.

El poder opaco, no transparente, ha dejado y va dejando en nuestras sociedades —digamos la italiana o la mexicana— una estela de misterios políticos y criminales. Los gobernantes parecen hacerlo todo en secreto.

El bombazo en la plaza Fontana en Milán (1972) ha sido olvidado, pero de hecho allí comenzó "la degeneración de nuestro sistema democrático", en el momento en que un *arcanum*, un misterio "entró imprevisiblemente en nuestra vida colectiva, la sacudió, y fue seguido por otros episodios igualmente graves que han quedado en la oscuridad".

"La mayor parte de los hombres tienen la memoria débil, cuando no se trata de sus propias heridas. Debe existir alguien que asuma la tarea de representar la memoria colectiva y por tanto que nos ayude a entender sin olvidar". Ese alguien podría ser un historiador o un periodista no amedrentado.

Misterios. Secretos. Poderes invisibles.

Cuando a veces se da a conocer una verdad es porque ésta es necesaria para dar más fuerza a la mentira (según la frase de aquel escritor siciliano, muy amigo de Bobbio).

LA PARADOJA DEL GOBERNANTE

Siempre ha fascinado a hombres y a mujeres la capacidad histriónica que todos los días demuestra un profesional del poder. Está en la naturaleza misma de su oficio la necesidad de fingir. Gobernar es hacer creer. Por eso el trabajo del político es tan delicado como el del actor.

En *La paradoja del comediante*, Denis Diderot piensa que los afanes del actor son los mismos del gobernante e iguales a los del escritor: el propósito común a todos ellos es establecer la verosimilitud. Y a lo largo de todo este diálogo, que el director de la *Enciclopedia* encomienda a dos interlocutores imaginarios, se va discurriendo en la idea de que es más creíble el fingimiento que la sinceridad: "Los comediantes impresionan al público no cuando están furiosos sino cuando fingen perfectamente el furor. En los tribunales, en las asambleas, en todos los sitios en los que se quiere dominar los ánimos, se finge ya la ira, ya el temor, ya la piedad, para producir en el auditorio esos distintos sentimientos. Lo que no logra una pasión efectiva lo consigue una pasión bien imitada."

Una vez le pregunté al poeta español Claudio Rodríguez hasta qué punto la poesía es una mentira y me contestó:

—Es lo que llamaba Diderot la "paradoja del comediante". Una persona puede estar sintiendo mucho y no poder expresarlo. Puede producir risa. Él cuenta la anécdota de un actor que se suicida en escena. Se suicida de verdad y entonces produce risa en los espectadores. En cambio, el gran actor finge que se suicida. Y entonces produce pánico, drama: el público se conmueve hasta las lágrimas. ¿Cuántos poemas de amor (en Quevedo, por ejemplo, que nunca tuvo capacidad amorosa) son mentira? Lo que dice Quevedo no es porque él lo sienta, en el fondo está mintiendo. Lo que importa es el resultado del poema, su eficacia, no que lo haya sentido o no el poeta.

En eso consiste la paradoja del comediante o en lo que de otro modo explica Diderot: "Cuando se dice de un hombre que es un gran comediante, no entiende nadie que tal hombre siente, sino todo lo contrario: que sabe simular el sentimiento sin sentir absolutamente nada."

Si Nicolás Maquiavelo es el padre de la propaganda moderna —y no menos que de la antigua— es porque recomienda fingir. En sus textos, pero sobre todo en *El Príncipe*, desentrañamos toda una disquisición sobre el ser y el parecer. El gobernante puede ser infiel a sus camaradas y a sus compromisos —puede no cumplir con la palabra empeñada— pero tiene que hacer todo lo posible por *parecer* fiel. Lo que importa es la apariencia. Tener el poder también consiste en aparentar tenerlo, aunque, por ejemplo, no se hayan ganado las elecciones. Por eso, a una menor legitimidad corresponde una mayor propaganda.

No es necesario que un presidente posea ciertas cualidades —la tolerancia, la paciencia, la lealtad, la generosidad—, pero es muy necesario que *parezca* tenerlas. Fabricar esa imagen es el trabajo de sus propagandistas, pues "los hombres en general juzgan más por los ojos que por las manos ya que a todos es dado ver, pero palpar a pocos: cada uno ve lo que pareces, pocos palpan lo que eres" [...] pues "el vulgo se deja seducir por las apariencias y por el resultado final de las cosas, y en el mundo no hay más que vulgo".

El jefe de la tribu, entonces, anda en terrenos que se creía reservados al actor. Tiene que moverse con toda astucia, como en la cuerda floja de los cirqueros, entre el discurso de la verdad y el discurso de la mentira. (Se entiende aquí por "discurso" el río de las ideas, el flujo del pensamiento, el discurrir de la memoria, y también la perorata en la plaza.) Lo chistoso del caso es que cuando el gobernante habla parece que se está tomando en serio y sus más cercanos colaboradores también ponen cara de que está hablando en serio y diciendo la verdad.

Ya lo percibía Jean Genet, el autor de *Severa vigilancia*: "El poder no funciona sin teatralidad. Nunca. La teatralidad es el poder. La teatralidad domina en todas partes. Hay un lugar en el mundo en el que la teatralidad no oculta poder alguno, y ese sitio es el teatro. Cuando a un actor lo matan en escena se puede volver a levantar y hacer otra vida. No es nada peligroso. En mayo de 1968 los estudiantes parisinos ocuparon un teatro; es decir, un lugar del que todo poder había sido expulsado, donde sólo quedaba la teatralidad, sin correr peligro alguno. Invito, exhorto a todos a hacer de la vida un teatro."

"*As an age captivated by the art of the theater, the Seventeenth century displayed an almost obsessive concern with appearance. If the world is perceived in terms of the theater, the enhancement or transformation of appearance becomes an essential component of the stateman's art. The application of the arts of the theater to political life, and especially to the projection of kingship, is one of the principal characteristics of seventeenth-century monarchies*", escribe por su parte J. H. Elliott en su ensayo "Power and

Propaganda in Spain of Philip IV", incluido en el libro colectivo *Rites of Power*, editado por Sean Wilentz (l985).

Pero más bien la paradoja del gobernante se parece a la paradoja gatopardiana: que todo cambie para que todo quede igual. Hay que organizar los cambios como apariencias de cambio. ¿Para qué? Para no perder el poder.

¿Cómo articuló Giuseppe Tomasi di Lampedusa exactamente su pensamiento en *El Gatopardo*?

Así:

"Si queremos que todo siga como está, es preciso que todo cambie."

"...y luego todo seguirá lo mismo, pero todo estará cambiando".

"Para que todo quede tal cual. Tal cual en el fondo, tan sólo una imperceptible sustitución de castas."

"...una de esas batallas en las que se lucha hasta que todo queda como estuvo".

La continuidad gatopardiana se resuelve en esa aparente contradicción, en esa verdad política casi de sabiduría maquiavélica. Lo que viene a decir Giuseppe Tomasi es que el poder es uno y el mismo desde hace siglos. Lo mismo en los tiempos de Calígula que en los de Mitterrand. Cambiar para que todo quede igual: esa es la paradoja del gobernante, si quiere preservar el poder. Las situaciones son idénticas. Los personajes no son los mismos pero son iguales. Así era en los tiempos de Plutarco Elías Calles o, mejor dicho, en los de Miguel Alemán: el mismo autoritarismo presidencial, el mismo presidencialismo autoritario, la misma neoantidemocracia, la misma neointolerancia, el mismo neoliberalismo. La máquina del poder y sus dispositivos sigue siendo la misma desde los años de Licurgo. Y no es que sea como un cerebro o una computadora. Se trata de un aparato más primitivo, a pesar de las sutilezas y de la imaginación de los hombres que le dan vida. Las situaciones son las mismas. Los personajes se quitan una máscara y debajo tienen otra máscara. Y así va a seguir siendo en el futuro o al menos mientras se observen las reglas de la comedia humana: que todo cambie menos el principio del poder, es decir: el imperativo de preservarlo a toda costa. El poder por el poder mismo. Así era en los tiempos de Talleyrand y de Metternich. Así es en los tiempos de CS y de J-M Córdoba Montoya (*toute proportion gardée*). Es la misma película. Una historia vulgar con personajes vulgares.

Post scriptum: Se me dice que la "paradoja gatopardiana" carece de validez universal: Mijail Gorbachov promovió muchos cambios y las cosas no quedaron como estaban. Al contrario: la utopía socialista quedó de cabeza.

Sí, es cierto, pero Gorbachov no se mantuvo en el poder.

MENOSPRECIO DE CORTE Y
ALABANZA DE ALDEA

Todo el cuento de Borges al escribir "Pierre Menard, autor del Quijote" es que uno nunca lee el mismo libro así como nunca se baña, ya lo decía Heráclito, en el mismo río.

Dicho de otra manera: no es lo mismo leer el *Quijote* el año de su publicación, 1605, o en su siglo: el XVII, que leerlo a principios de 1994. Se trata del mismo texto, literalmente idéntico al original, pero su lectura es distinta. ¿Por qué? Porque lo leemos con los ojos que suelen tenerse hacia finales del siglo XX, con toda la carga del tiempo y las cosas que han sucedido desde 1605. (Así como no es igual leerlo a los 18 años que a los 50.) Tiene eso de encantador la literatura. O mejor dicho: la escritura y el tiempo, la memoria. La conclusión a que llega Borges, que leer es más importante que escribir porque toda lectura reescribe el texto, fue desarrollada por Gerard Genette en 1964 y "se ha convertido en una de las aserciones básicas de la nueva crítica", según nos ilustra Emir Rodríguez Monegal en su *Ficcionario* de Borges.

Uno lee con el estado de ánimo, las impresiones y los pensamientos de ahora, no de cuando fue escrita la obra o la leyó por primera vez. De ahí el placer de la relectura. (Pero, ¿releer es recordar?)

No es otra la experiencia que se tiene al leer *El ogro filantrópico*, de Octavio Paz, después de los cambios en los países europeos del socialismo real o al día siguiente de la caída del muro de Berlín. Antes y después de 1989 la lectura es otra. El reportaje de Vicente Leñero sobre un acto de la campaña de CS en San Luis Potosí, en mayo de 1987, y del cual fue expulsado el escritor, se publicó en la revista *Proceso* y ahora, muchos años más tarde, puede releerse en la nueva edición (Grijalbo) de *Talacha periodística*. Su lectura es diferente a la de 1988 y de ella puede deducirse un estilo de gobernar, un modo de tratar a la prensa, una política de "comunicación", un desplante más de intolerancia con la crítica.

Y es que las palabras quedan, como grabadas (ya lo decía Horacio) en planchas de bronce, para todas las lecturas posibles en el futuro y para la recreación de todo lector.

Tal vez la enseñanza más fecunda de Norberto Bobbio ha sido hasta este momento la revalorización de los clásicos del pensamiento político. A sus 80 años, el profesor turinés sigue creyendo que las ideas de Hobbes, Vico, Maquiavelo, iluminan aún nuestro presente y nos ayudan a entender mejor nuestra época. A la luz de la teoría de Borges, *El Príncipe* y *Leviatán* admiten ahora un desciframiento distinto al de su tiempo de escritura y publicación. Lo que hay que hacer, razona Bobbio, es dilucidar el sentido que estas obras tuvieron en su año de gestación y el nuevo sentido que el interrogarlas ahora les damos. Todo está en el *Leviatán*, sabiéndolo leer. La relectura opera como la memoria o los sueños: reconfigura, reclasifica significados según un contexto actual: el pasado según las necesiades del presente.

En *Menosprecio de corte y alabanza de aldea*, de fray Antonio de Guevara, editado en 1539, hace más de 455 años, difícilmente puede uno evitar la lectura que le consiente el significado de "poder" allí donde dice "corte" y el de "no poder", pero no de impotencia, allí donde se escribe "aldea".

"Todo cabe, al fin de cuentas, en un libro en el que el plan y la materia desaparecen ante el lujo de la palabra y al gusto de escribir", piensa uno de nuestros ensayistas más geniales, Sergio Fernández, en su *Figuras españolas del Renacimiento y el barroco*.

La belleza del libro no sólo concierne a su factura poética sino a una sabiduría que ahora, desde una lectura realizada el domingo 29 de marzo de 1992 entre las 10 de la mañana y las 2 de la tarde, nos orienta a comprender el origen de ese sentimiento de ilegitimidad que, creemos, emana de todo poder (o del placer del poder). ¿De dónde proviene la idea de que el poder corrompe, de que el alma se descompone, de que el hombre cambia si se deja flotar, enardecido, en el vértigo del poder?

Sergio Fernández repara en el tono ascético, muy propio del siglo XVI, que el fraile imprime a su libro, y anota que "la aldea y la corte no son lugares, sino símbolos o ideas que expresan e informan tanto al bien como al mal".

Fray Antonio de Guevara toma partido y estatuye que "ninguna cosa en verdad se puede llamar grande si no es el corazón que desprecia cosas grandes". No sólo habla de la corte —o de lo que C. P. Snow llama "los pasillos del poder"— sino de los hombres que la habitan o frecuentan. Escribe de la corte y los cortesanos, y las grandes cosas que hay que rechazar, las de la corte, surgen como los lugares del vicio y la maldad. "Enamorado inconsciente de lo que conscientemente rechaza", dice Sergio Fernández, "sería él, fray Antonio mismo, el más claro ejemplo de la lucha que un hombre padece entre la razón y la sensualidad".

En el sistema binario de fray Antonio la corte sería el pecado y la aldea el lugar donde el alma podría salvarse, un espacio de redención. Los vicios fundamentales de la corte y el cortesano, en la lectura de

Sergio Fernández, son la mentira, la inconstancia, la sensualidad. "No hay hombre en el mundo que no esté más enamorado de lo que quiere que no de lo que tiene", afirma el fraile. Lo que de sobra abunda en la corte son los ingenios delicados y los hombres malignos, gente chismosa y que "adivina lo que pensamos". En la corte se alzan las paredes para pecar secretamente, no faltan en ella afrentas, zozobras, sobresaltos, y quien la habite "debe sufrir y ser paciente para no ser deshonrado por la envidia y la maledicencia" (SF *dixit*).

La corte (el poder) es un centro de gula. En su ámbito se exacerba la pasión por el juego, por tanto hay que valerse de la virtud y la diligencia para sobrevivir entre gente tan astuta. En la corte (en palacio, en las recámaras del poder) cometen fraude a todas horas. "...ninguno que allí reside puede bivir sin aborrescer o ser aborrescido, perseguir o ser perseguido, tener embidia o ser embidiado, murmurar o ser murmurado".

Tal vez a esta tradición española se haya debido el desdén con que Cervantes se refiere al poder con el cuento de la ínsula barataria y la desgana que le inspira a Sancho Panza, quien renuncia al poder y lo desprecia incluso con sorna: "Si salgo desnudo de la isla es señal de que he gobernado como un ángel."

Pero por binaria que sea su óptica cristiana, fray Antonio no es maniqueo. El vuelo poético lo lleva a afantasmarse en la ambigüedad de la literatura. Español, católico, asceta, parte de su pensamiento explica esa tradición que ve el mal y la culpa en el disfrute del poder, y sugiere entonces el camino de la renuncia, el olvido de sí mismo, el silencio y la soledad, pero —y ahí está la paradoja— otra parte de su corazón la preserva tolerante, pues "nadie deve aconsejar a nadie que se vaya a la corte o se salga de la corte, sino que cada uno elija el estado que quisiere".

TALLEYRAND:
UNA MEDIA DE SEDA

Políticos con alguna mala conciencia por haber cambiado de piel, ideas, amigos, por haber traicionado, pueden encontrar alivio en la lectura de cualquier cosa que se haya escrito o escriba sobre Charles-Maurice de Talleyrand, príncipe de Benevento, político por excelencia, cuyo paso por este mundo se fecha entre 1754 y 1838.

Como José Fouché, quedó bien con todo el mundo: con los funcionarios remanentes del antiguo régimen, con los revolucionarios de 1789, del Directorio y del Consulado, con Napoleón, y con el gobierno postnapoleónico de la restauración.

Era manco y no necesariamente se parecía a Alain Delon.

Su única fidelidad fue hacia el poder.

El poder para todo. Para vivir más (creía).

El talento de Talleyrand se conoció sobre todo cuando, después de la derrota napoleónica, negocia con Austria e Inglaterra el reconocimiento de Francia como nación. Para ello confecciona una teoría sobre la legitimidad (de los reyes) y adelanta que el "episodio" de Napoleón había sido pasajero y no debía cargarse a la cuenta de Francia y sus monarcas en legítima continuidad.

Talleyrand es uno de los personajes más importantes de *La ruina de Kasch*, la novela del italiano

Roberto Calasso que tiene entre sus temas más caros el de la legitimidad:

"Talleyrand subraya en cada uno de sus gestos el origen sacramental del poder. La paradoja de su arte consiste en hacer continuar y actuar ese origen en una época —la primera— en que la transmisión de la investidura se había interrumpido irreversiblemente. Así, la sacralidad tendrá que convertirse en una ficción, y el desafío consistirá en que sea una ficción poderosa: inventar, con Napoleón, una dinastía; pretender, con el Congreso de Viena, que todavía se puede recurrir a un *principio*, y precisamente a esa *legitimidad* que acababa de ser sepultada".

Calasso redondea la idea talleyrandiana de la legitimidad conceptualizándola como un círculo vicioso: la legitimidad es la única fuerza que asegura la duración de un gobierno; pero para que un gobierno llegue a ser legítimo es necesario que lleve tiempo durando.

Es decir: la legitimidad también se adquiere por posesión, como la propiedad.

Quien realmente hace volver al poder a Luis XVIII es Talleyrand. Pero "justamente en el momento en que Talleyrand desenvaina el principio de legitimidad y mide sobre él toda su acción, lo descuida alegremente en la práctica. Firma el armisticio del 23 de abril de 1814 sin ningún mandato: el rey todavía no está en París, y la intervención del Senado es, a los ojos de todos, un truco facilísimo. Pero Talleyrand quiere *preceder* al rey, que le haría más difícil el acuerdo. Su idea secreta es *la légitimité, c'est moi*".

Lo que en la teoría de Maquiavelo muchas personas no captan —el dilema, el predicamento insoluble entre moral y poder— pueden entenderlo con toda claridad en la práctica de Talleyrand. Si la expresión "moral política" no fuera en sí misma una contradicción en los términos, se diría que al menos Talleyrand acuñó una "ética política" particular, con su propia autonomía y su propia legalidad. En su universo todo se vale. En el "arte" de su política todo justifica la consecución y la preservación del poder y la ilegitimidad es un problema de poca monta si se sabe vender al enemigo la idea de que se procede, como Hugo Capeto, de las aguas mismas del poder, del estanque de los orígenes, de una de esas burbujas de agua que se forman espontáneamente en su superficie. Y el gran argumento —cuando una soberanía ya lleva cierto tiempo subsistiendo y cuenta con una aceptación prolongada— es que "no ha habido derramamiento de sangre".

Talleyrand es la contraparte de José Fouché, la figura paralela que Stefan Zweig va contrapunteando al contar la vida del primero. Ambos prosiguen la carrera eclesiástica, pero su origen social es distinto: la rancia estirpe aristocrática de Talleyrand jamás embona con la austeridad de Fouché, el hijo del pequeño mercader.

"Para Talleyrand el Poder es sólo un medio para el placer, algo que le proporciona la oportunidad más propicia y noble de apoderarse de todas las cosas sensuales de la tierra, como el lujo, las mujeres, el arte, la buena mesa; mientras que Fouché, en cambio, sigue siendo, como multimillonario, un ahorrador espartano y conventual", dice Stefan Zweig.

"En la vida de un hombre político no cuentan lo insultos", comentó una vez Talleyrand. "Sólo cuentan las humillaciones".

Así responde a la tentación de acribillarle que tienen desde los gacetilleros anónimos hasta los monarcas, desde el emperador hasta los tenderos democráticos. Los temas relacionados con su persona son la traición, la corrupción, la mentira, el crimen.

Napoleón, al descubrir su deslealtad, decide que ha de pagar la cuenta en público.

Ante los ojos de toda la corte, el emperador vierte sobre el hombre de mayor edad y experiencia las injurias más bajas; le llama ladrón, perjuro, renegado, mercenario; le dice que vendería por dinero a su propio padre.

A los 73 años Talleyrand es abofeteado en público y pisoteado por su agresor:

—Eres una media de seda llena de mierda —le dice Napoleón.

EL BOBO EXCITADO

Estadísticamente es inverosímil y en cierto modo
injusto que una parte de la población —la clase política en este caso— sea despreciada por defectos que
supuestamente no tiene el resto de los ciudadanos.
Suele rehuírsele al político como si fuera un animal
con sarna. Si las características genéticas obedecen a
la curva de Gauss de la distribución normal, y eso
explica por qué gigantes y enanos son más raros que
las personas de complexión ordinaria, lo mismo sucede con la inteligencia. Hay explicaciones sociológi-
cas, pero ¿de qué modo y con qué fin una persona se
hace político? ¿No interviene mucho el azar? ¿No es
determinante la amistad, que en México es algo más
que una ideología, o la *parentalia*? Porque "ha llegado el momento de hablar de la miseria de los políticos, en vez de insultarlos", piensa Hans Magnus
Enzensberger (en la revista italiana *Panorama* del 20
de septiembre de 1992).

"Esta miseria es de naturaleza existencial: el ingreso en la política es el adiós a la vida: el beso de la
muerte."

Es inaudito el aburrimiento a que se exponen los
políticos. La política como profesión es el reino de lo
mismo, de la repetición sin piedad. El tedio. Quien ha
tenido la desgracia de participar en una reunión política conoce la parálisis que se apodera incluso del ser

dotado de la mejor voluntad cuando lo obligan a escuchar las detalladísimas —siempre carentes de sorpresas— argumentaciones que le hacen. El hecho es que la actividad predominante de un político —aparte de tener que comer cuando no tiene hambre, o vestirse de chamula cuando detesta a los chamulas, o ponerse sombreritos ridículos para quedar bien— consiste en participar en interminables y soporíferas reuniones, que todos organizan: los directores, las comisiones, los subsecretarios, los consejos, los gobernadores... los procuradores. Le encantan las juntas y en ellas va conformando buena parte de su ser.

Basta echar un ojo en la oficina o en el buzón de un político para ver cómo utiliza su tiempo "libre": leyendo un río irrefrenable de "documentos", actas, circulares, peticiones, proyectos, resúmenes, interpelaciones, informes, boletines, dossiers, protocolos, encuestas, proyectos de ley. Sólo quien está familiarizado con la terrible prosa en la que están redactados esos escritos sabe lo que esto significa. Una tortura. Una mínima parte de todo este material basta y sobra para descartar cualquier otro tipo de lectura.

Razonablemente el político hace leer a otros lo que se publica sobre él, para al menos estar al corriente. Algunos, muy inquietos, llegan incluso a encargar la lectura de las novedades editoriales a sus asesores y luego les piden un resumen, unas tarjetas. Quieren saberlo todo, poseerlo todo, pero no tienen el tiempo mental para concentrarse. Su poder todo lo compra, menos el tiempo y la serenidad mental que se requiere para leer y crear. Por eso a muchos de ellos los impresionan los intelectuales o los académicos de cubículo. Les fascinan los historiadores. Son su maquinita de hacer frases. Primero los utilizan, luego los desechan.

Encargan a un ayudante la lectura de los periódicos. También la secretaria puede echar una mano, hacer recortes, copias, resúmenes. Pero esta forma de lectura indirecta complica el problema en vez de resolverlo. El "capo" viene a saber sólo lo que su filtro, que lo debe proteger, deja que le llegue. Entre más alto suba, más se rodeará de colaboradores que le servirán de pantalla contra las informaciones latosas.

Al político se le escapan muchas cosas y no puede expresarse. Sólo en un muy restringido círculo se le permite comunicar lo que piensa (cuando piensa). Pero tampoco puede callarse. Se espera mucho de él. No es defecto que sus discursos no digan nada, al contrario: es un mérito. Su arte es el de hablar para no decir nada. Tiene que borrar de sus discursos todo lo que pudiera ser interpretado como una idea independiente. Poco a poco, así, va perdiendo su capacidad de expresarse de modo natural y entonces la pérdida del lenguaje se vuelve uno de los daños más irreparables (accidente de trabajo, enfermedad laboral) que la profesión de político trae consigo. De pronto parece que se le va el hilo sintáctico, como que no sabe ni hablar. Pero a pesar de su insana sintaxis, construye sus fantasías: se deja llevar, como en el sueño, por un poder productor de ficciones.

Crea su realidad y espera que sus súbditos la verifiquen.

Otra de las penitencias que debe cumplir el político profesional en este mundo es la pérdida absoluta de la soberanía de su tiempo. Su agenda no tiene huecos y está atiborrada por meses, si no es que por años. También sus vacaciones son una ficción: están llenas de entrevistas, coloquios, comparecencias, desayunos. Se tiene que andar moviendo continuamente. Tiene que estar literalmente girando como un trompo en su larga jornada hacia la muerte. A una exigencia de este tipo en cualquier fábrica se respondería de inmediato con una huelga general. Pero peor es su absoluto aislamiento social, lo cual no deja de ser una paradoja porque se trata de personas a quienes nunca se les consiente estar solas. La sola supresión de este derecho elemental sería suficiente para causar graves daños psíquicos. Cuando se constriñe a un ser humano a vivir constantemente entre hordas de gente y al mismo tiempo a permanecer excluído de cualquier tipo de comunicación normal se le coloca ante un dilema insufrible. Las prisas lo ponen a un grado de la hipertensión varias veces a la semana y visita con regularidad más a su gastroenterólogo que a su peluquero. Por eso muchos políticos sufren de tics convulsivos, en el cuello o en el hombro. Y no es infrecuente entre ellos el mal de Tourette (mímica involuntaria, repetición de palabras y conductas ajenas: echolalia y echopraxia; incontrolable tendencia a maldecir y proferir obscenidades: coprolalia).

Sin embargo, la paradoja del político es que el poder lo excita, como al tiburón el olor de la sangre. El poder es su cocaína y puede llegar a poner en un segundo plano sus relaciones afectivas y sexuales. Y ya se sabe cómo se excita un tiburón cuando se mancha los dientes de sangre. Quiere más. Más.

El principio del poder es como el del placer: se quiere repetir una vez que se conoce. Y a partir de ese momento irrumpe en la historia el personaje del Bobo Excitado.

"Delegamos esa palabra —poder— a una esfera de relaciones perfectamente delimitada, autónoma, quizás porque nuestro deseo más secreto sea tenerla separada de nosotros", escribió una vez Eugenio Trías, el filósofo de Barcelona.

"Como concesión máxima a la realidad la toleramos, nos resignamos a aceptarla como existente, procurando con todo alejarnos de su contacto viscoso y de su contagio virulento. A esa esfera de relaciones la denominamos política. Y al que trabaja en esa esfera, al profesional que en ella despliega su actividad, le llamamos hombre político.

"Este despierta en nosotros agresividad y temor, admiración y desprecio. Le admiramos, a la vez que lo despreciamos, por ocuparse de una esfera de relaciones tan falta de las más elementales virtudes humanas, cívicas."

Hay una forma científica de la tortura que se caracteriza por la privación sensorial: al sujeto del experimento, o del castigo, se le impide toda percepción por medio de una celda inmersa en el agua; la cabina en la que se le encierra está aislada acústicamente, sin olores, oscura. La analogía social de esta prueba conductista —el ejemplo es de H. M. Enzensberger— podría ser el peculiar encapsulamiento a que se somete al político. Entre más asciende en su carrera más radicalmente se limitan sus contactos sociales. Lo que sucede allá afuera en el mundo le resulta inaccesible. No tiene idea de cuánto cuesta un kilo de azúcar o un vaso de cerveza, de cómo se renueva un pasaporte o cuándo termina el abono del metro. Esto provoca la típica pérdida del sentido de la realidad y aclara por qué, independientemente de sus facultades intelectuales, el político es el último en entender lo que está sucediendo en la sociedad. Incluso sus privilegios, que no dejamos de reprocharles, hacen que se agudice su miseria. Sus guardaespaldas, símbolo de status, no lo protegen del mundo: protegen al mundo del político, como una ulterior membrana que lo separa del ambiente que lo rodea. El encargado de su seguridad siempre es su carcelero. Así, la vida del político se parece a la de sus más peligrosos enemigos: los terroristas, que también están excluídos de la vida social por las condiciones de su clandestinidad: no les queda a disposición más que un lenguaje muy deformado. La pérdida del lenguaje y del contacto con la realidad son sólo las dos caras de la misma medalla, dice Hans Magnus Enzensberger.

Como los residentes de los manicomios, no puede disponer de su tiempo. No existe la vida privada. Los huéspedes están aislados, pero nunca solos. Mortificaciones rituales se suceden a la orden del día. La falta de relación con el mundo impuesta por el sistema aumenta con el aumento de la duración de la estancia. Después de un cierto tiempo se producen daños que podrían asimilarse al "hospitalismo" (el síndrome de la "hospitalización"): pobreza de contactos, apatía, perturbaciones del pensamiento, del lenguaje y de la sensualidad, predisposición al llanto, inquietud y agresividad son los síntomas más frecuentes. A veces se puede llegar a representaciones delirantes y alucinaciones. Casi siempre los pacientes sufren de angustia. Casi siempre su angustia tiene causas del todo reales.

Como quien vive en una clínica psiquiátrica, el político está vigilado constantemente. La mirilla de la clásica penitenciaría en este caso se sustituye por el ojo de la cámara fotográfica, y en el lugar de los carceleros se encuentran los periodistas y los ministerios públicos (en el caso de los países en los que hay Estado). Porque también el político más íntegro está obligado a moverse en el claroscuro del financiamiento a los partidos, en los negocios de sus amigos y sus prestanombres, en los enredos de las subvenciones y la exportación de armas, en los pantanos del servicio secreto, en los sótanos de la policía política, en las licitaciones. Su eterno acompañante es el miedo (si hay Estado y división de poderes).

Sin embargo, el síndrome más grave del "hospitalismo" es la depresión, que entre los griegos de la antigüedad se reconocía como bilis negra o melancolía. Al principio penetra de forma larvada, porque a los políticos profesionales no se les permite mostrarla y ellos mismos no quieren reconocerla. Pueden exhibir solamente la manía, que es el reverso de la depresión: sus infantiles fantasías de grandeza, su ingenua vanidad, su deseo de despilfarro. Se equivocaría quien pensase que todo esto tiene que ver con el placer, o con la alegría. El circo ambulante que ponen a su servicio los medios de propaganda sólo les sirve de compensación.

En la literatura especializada el tránsito de la fase depresiva a la maniaca se describe así: "El mal humor pigmenta toda la experiencia y el comportamiento de los pacientes a tal punto que creen encontrarse en su mejor condición emocional. La falta de reconocimiento y una exagerada capacidad de actividad conducen a una situación explosiva. En esta condición el enfermo se muestra impaciente, ansioso, insistente, de muy mal humor, y reacciona a cualquier oposición con agresiva excitabilidad. Sus pensamientos y acciones exacerban su narcisismo y pueden derivar hacia un claro delirio de grandeza. Por ejemplo, los pacientes están convencidos de su enorme fuerza y de su genialidad, o bien pueden asumir transitoriamente una identidad de la que se jactan." Hay quienes, luego de concluido su mandato, se siguen creyendo presidentes. Se quedan en el viaje.

¿Cómo podría un paciente que de este modo busca liberarse del desconsuelo entender que le reprochamos su desesperación? Quien quiera, sólo por probar, meterse en los zapatos de un político, debería considerar dos posibles atenuantes: La primera sostiene que el gusto del poder recompensa al político de todas las dificultades a que está expuesto. La segunda, que para ciertas personas el poder significa un afrodisiaco irresistible; los monarcas absolutos y los dictadores se aproximan siempre a la realización del sueño de los niños: imaginar que el mundo no opone ninguna resistencia a su voluntad.

En estos términos se ha expresado mutatis mutandi la especulación —no desprovista de malicia— de Hans Magnus Enzensberger.

El político, mediante el poder, regresa al dulce sueño de la infancia. Se vuelve un niño, un reyecito que todo lo consigue con su varita mágica. Se puede per-

79

mitir los berrinches prohibidos a los adultos. Pero si se descuida, si no tiene el empaque de un estadista, corre el riesgo de recorrer en reversa las etapas orales y anales que revive el poder sin estribos. Porque su líbido está en el poder.

Otro punto de vista sería que los políticos, al menos los mexicanos, se la pasan bomba. Su felicidad es el poder y el poder es su pasión: una experiencia fascinante, incomparable con cualquier otra que pudiera deparar la vida. Lejos de consultar al gastroenterólogo, disfrutan de una dieta u otra. Por lo menos cada tercer día van al gimnasio, al masaje y al vapor. Saben escoger algodones para sus camisas y visten de lino en verano. El sastre los visita no menos que su jefe de asesores. De algún modo han llegado a racionalizar una ética: una justificación moral de sus industrias y andanzas. No conocen el remordimiento y, dicen, han logrado separar —humildes— sus deseos de la realidad que se impone al margen de su percepción subjetiva. Tampoco cultivan, como podría suponer cierta cultura cristiana (como la de fray Antonio de Guevara), ninguna especie de culpa por ejercer el poder con abuso o de manera ilegítima ni por permitirse los efímeros placeres de este mundo. Se mueren de la risa. Ninguna mala conciencia les va a quitar el sueño.

Hans Magnus Enzensberger solicita, pues, que ya no detestemos a los políticos. Ya basta de insultarlos. No hay por qué odiarlos sino tenerles compasión. Véase simplemente la calidad de vida que llevan. No tienen tiempo, ni para leer ni para pensar. No se pueden divertir en público. Viven aislados. Se saben vigilados y lo son. Como los periodistas, son especialistas en generalidades. Todo lo saben de oídas, porque se lo dijo —a medias— un asesor, porque se lo comentó alguien. Su forma de absorber información es fundamentalmente a través de la palabra hablada. No tienen tiempo. Por lo mismo no pueden leer los periódicos. Sus "analistas" les editan una cierta visión de la realidad y se la pasan en tarjetas, les dan el todo por una parte. Están —eso creen— enterados de todo, pero nada conocen a fondo. Todo se lo filtran. Nada hacen ellos directa y personalmente, y por lo mismo no encuentran placer en el trabajo. Viven en un infierno. Y todo por el poder, en una carrera que no tiene otro objetivo que el poder por el poder mismo, como si el poder fuera la felicidad.

Hans Magnus se pregunta, sin ninguna suerte de ironía, si se les puede tener compasión a los políticos. Pertenecen a una especie extraña de la sociedad. No se sabe muy bien en qué trabajan, ni siquiera si trabajan realmente. En cierto modo, dice el autor de *Política y delito*, forman parte de las filas del desempleo o, como dice Daniel Herrendorf (*El poder de policía*), viven estusiasmados con la nada.

Incapaces o corruptos (no viven la corrupción como corrupción), incompetentes que paradójicamente se creen los salvadores (y los propietarios) de la Patria, los políticos no han hecho nada por mejorar su imagen últimamente. (No saben que son corruptos, porque viven en la corrupción como en su propia piel.)

La clase política no ofrece un espectáculo muy agradable. En casi todos los países del mundo los políticos tratan de controlar a la prensa y a la radio. Paranoicos, creen que los periódicos van a desatar un levantamiento popular. No toleran que no se les halague, sueltan juicios sobre todas las cosas, son incapaces de razonar por periodos de más de cinco minutos; su ignorancia conceptual no es menor que su desinformación. Y, aparte, quieren que se les crea. En fin, no terminaríamos nunca, dice el malhumorado Enzensberger: manía por el poder, insaciable deseo de riqueza, arrogancia, envidia entre ellos, celos, trampas, puñaladas por la espalda. Mentiras. Prefabricaciones. Frenesí. No vemos otra cosa. Pobrecitos.

¿Quién les dijo que eran los dueños del país? Ya ni siquiera (en México) la gente los elige. Tienen que comprar los votos, con dinero (ajeno) o con propaganda de publicistas alcoholeros.

Prácticamente todas sus relaciones "humanas" son utilitarias.

Como los ricos, utilizan a quien se deje y luego lo desechan. No tienen amigos: tienen súbditos. Y también como los ricos, que tanto obsesionaban a Scott Fitzgerald, tienen la capacidad de borrar de su campo visual a quien no quieren o no les conviene saludar. Luego entonces miran a través de él. Deciden que no existe. Son encantadores.

Mentirosos, dobles, traicioneros, creen que les hacen el gran favor a los ciudadanos ingratos que no entienden sus sacrificios (muchas veces no pueden dormir, por tensión o por miedo). A la excitación o el insomnio, se suma la ingratitud y el desprecio de los demás.

Basta una mirada a las carreras de los políticos de Bonn, París, Madrid, Roma, Buenos Aires, Washington, México, para darse cuenta de que el político profesional es alguien que no tiene una profesión. Durante la adolescencia pasa sus días dentro de una organización estudiantil o una liga. Sólo si descuida los estudios, y por tanto aprende lo menos posible, puede volverse portavoz, delegado, presidente. Es una escuela dura, en la que se trata sobre todo de saber usar los codos.

Visto desde afuera parece un trabajo de tiempo completo, que requiere de absoluta atención. Desde otro punto de vista —desde adentro, por ejemplo— se trata de una forma particular de desocupación. Reuniones para llegar a un acuerdo, debates sobre reglamentos internos, intrigas de trastienda dejan una sensación de vacío, un déficit de realidad.

"Por eso ha llegado el momento de hablar de la miseria de los políticos, en lugar de insultarlos. Esta miseria es de naturaleza existencial. Para decirlo con un cierto pathos: el ingreso en la política es el adiós a la vida, el beso de la muerte", escribe Hans Magnus.

Lo primero que salta a la vista en la existencia de estos hombres besados por el diablo (marcados por el destino) es el inaudito aburrimiento a que se exponen.

La propaganda permanente a que se somete todos los días (es famoso, pero no tiene detrás una obra tangible: su fama se eclipsa tan artificialmente como surge; todo mundo sabe quién es durante unos años, luego nadie lo reconoce por la calle; lo único que le queda es dinero acumulado, pero a fin de cuentas eso era lo que quería) es probablemente la exigencia más dolorosa a que un hombre pueda plegarse. Entre sus obligaciones profesionales se encuentra la de ponerse sombreritos ridículos y atejanados, con chaquira e iniciales, jorongos que no le van o cachuchas a la gringa, cargar niños moquientos, fingir que está feliz. Fingir. Fingir. Fingir. La sonrisa obligatoria. Muy propio. Muy buena onda. Muy generoso. Muy correcto. Muy "educado", sigue a pie juntillas, el manual de Carreño. Es un encanto.

Podría decirse que en todo caso los mismos políticos son los culpables de la situación en que se encuentran. Ellos se la buscaron. A fin de cuentas eligieron un "trabajo" que representa exactamente la negación del trabajo. De esto no hay duda. ¿Pero no resulta muy malvado insistir demasiado en este punto? El juicio de quien goza del mal ajeno no se apiada ni con el reconocimiento de que la carrera política funciona como una trampa: es fácil entrar en ella pero es muy escasa la posibilidad de salir ileso. Alguien entrampado puede hacerse a la idea de que la única salida es hacia arriba, pero esa ilusión, de materializarse, también puede revelarle que el ascenso no lo libera de su enajenación política, todo lo contrario. Es una caída.

Y de esto, por desgracia, sólo se da cuenta cuando ya es demasiado tarde. La cuna de su poder también es su tumba.

Casi todo mundo coincide en que es un lujo insostenible ofrecer nuestra comprensión a quienes, sin rubor, se dicen los salvadores de la Patria (ciertamente no mal remunerados). Pero como todos los grupos de marginados, como los alcohólicos, los farmacodependientes, los adictos a los juegos de azar y a la malilla, "también los políticos merecen nuestra conmiseración analítica, indispensable para comprender su miseria".

LA TRAGEDIA DEL PRESIDENCIALISMO

No es una casualidad que los billetes de 100 pesos lleven el sello sonorense por los dos lados: en uno triunfa el rostro adusto de Plutarco Elías Calles y en el otro aparecen en primer plano —contra el fondo del desierto— un sahuaro y un venado.

Estos signos no son gratuitos. Por algo se escogió la figura de Calles y no la de Obregón. Y es que con eso el poder está tratando de decirnos algo: que ahora se reivindica la imagen de Calles por encima de la de Lázaro Cárdenas. Y, en efecto, son los callistas los que están actualmente (1993) en el poder. No los cardenistas.

El proyecto de gobierno, el estilo y la forma actual de la presidencia autoritaria, que han triunfado en México, son los de Calles y no los de Cárdenas.

Luis Javier Garrido, en el prólogo a las memorias de Luis L. León, *Crónica del poder*, escribe: "El México posterior a 1940 no siguió sin embargo la huella de ese proyecto popular [el de Lázaro Cárdenas] y es muy probable que la herencia callista, recogida por el alemanismo, haya sido a fin de cuentas la que haya prevalecido en el Estado mexicano moderno." [...] "Los callistas, aparentemente vencidos en la lucha por el poder, cuatro décadas después sabían que, en buena medida, su proyecto de Estado había prevalecido."

En realidad, la presidencia autoritaria no es una manera de gobernar concebida y cultivada en la cultura del autoritarismo. No la inventó el titular del Poder Ejecutivo. Viene de muy lejos. Viene de los años veinte, la época de Plutarco Elías Calles, y tal vez desde los tiempos prehispánicos. Y todos los presidentes de los últimos sexenios se inscriben en esa cultura prepotente y antidemocrática: Alemán, Ruiz Cortines, Díaz Ordaz, Echeverría, López Portillo, De la Madrid, Salinas. Nunca estuvieron educados en lo que es el respeto al ciudadano, al voto, a la voluntad popular. No fue su escuela.

Se ha puesto de moda la figura de Plutarco Elías Calles, tal vez en una specie de *acting out* del salinismo que asume en el sonorense el símbolo de la ilegitimidad. Calles surgió de pronto como un fantasma en los billetes de 100 pesos. Luego la editorial Fondo de Cultura Económica —controlada directamente por un político priísta— dio a conocer las cartas personales de su archivo. Y se estrenó en 1991 *El jefe máximo*, la obra de teatro de Ignacio Solares, que iba a presentarse en Guanajuato durante el Festival Cervantino y fue censurada por el rector de la universidad local (arguyó que realmente tenía miedo de que la puesta en escena se convirtiera en un mitin sangriento entre católicos y liberales, entre panistas y priístas). En el papel de Calles actuaba el hermosillense Jesús Ochoa, el Chovi, un actor tal vez demasiado joven para el personaje, pero estupendo.

La obra de Solares es implacable. Se trata de un diálogo entre el guaymense y el sacerdote al que mandó matar sin juicio previo: el padre Pro. Como a Calles le dio por el espiritismo en los últimas días de su vida mientras esperaba la muerte en Cuernavaca, Solares aprovecha ese dato de la realidad para sacarle partido como recurso escénico: el fantasma de Pro es convocado por Calles para echar una platicada. Y el encuentro es brutal. Podría decirse que, en el fondo, Solares es pro Pro.

No hay que olvidar los hechos de la historia. Tenemos en el escenario a nadie menos que al fundador del PRI en 1929, el gran momento del fascismo en Europa: un hombre al que se debe la creación del Banco de México y de muchas instituciones, un político que tuvo que abandonar el poder —cuando Cárdenas lo expulsó del país en 1935— debido justamente a las instituciones que él mismo había concebido e instrumentado.

Tampoco hay que olvidar que el PRI es de matriz sonorense. Algo ha de haber del modo de ser de no pocos sonorenses en la filosofía pragmática y utilitarista de la clase media: la aceptación del imperio de los vividores como una cosa natural. Calles funda el partido de Estado en la gran década del fascismo italiano, que venía desde 1922, y en un momento —a cuatro años de la asunción del nacional-socialismo en Alemania— en que se creía en la viabilidad de las corporaciones y en "conceptos" políticos como el de "juventud" o de "vanguardia".

En *El jefe máximo* —como es natural y lógico... y teatral— se recuerdan muchas de las afrentas que Calles dejó pendientes. Hay una insinuación muy seria, por ejemplo, de que él mandó matar a Obregón. También se le relaciona con el asesinato de un tal Angel Flores y con el envenenamiento de Benjamín Hill. Un asesino, pues. Alguien que nunca andaba con las manos manchadas de sangre, pues montaba las cosas: no las actuaba.

Y es que tanto Calles como Obregón son los personajes más shakespearianos de la historia política de México. Como protagonistas de una tragedia semejante a la de *Ricardo III*, Álvaro Obregón y Plutarco Elías Calles son los grandes conspiradores del poder mexicano. No se tientan el corazón para mandar matar a Francisco R. Serrano y sus doce acompañantes en la carretera a Cuernavaca inventándoles el plan de un golpe de Estado que nunca prepararon. Pancho Serrano era como su hermano. Lo mismo Benjamín Hill. No vacila nunca el de Huatabampo para cortarle la cabeza a decenas de generales que se levantaron en 1923 con la rebelión delahuertista.

Y si efectivamente Calles mandó matar a Obregón, u organizó todo de tal manera que un enemigo de otro signo le descerrajara el balazo fatal, entonces estamos ante un crimen perfecto o ante una obra maestra del asesinato considerado como una de las bellas artes, según estimaba Thomas de Quincey. Imagínese usted: procurar el acercamiento de Morones (un hombre de Calles) a los católicos de la Madre Conchita y luego dejar prácticamente sin vigilancia la entrada y el interior del restaurante La Bombilla para que, como no queriendo la cosa, fuera otro —alguien muy distinto a Calles, que detestaba a los católicos— el que matara a Obregón, pues no deja de ser una maravilla de la imaginación criminal. El crimen perfecto.

¿Quién se beneficia de la muerte de Obregón para disponer de todo el poder? ¿Quién se erige en el "jefe máximo" de los siguientes ocho años?

Calles y Obregón eran muy distintos entre sí. De no haber sido por una coyuntura política e histórica es posible que jamás hubiesen hecho mancuerna.

Calles era el sahuaro y Obregón el venado.

Duro, introvertido, el primero. El segundo vivaracho, juguetón, dicharachero.

Calles, para Enrique Krauze, es "serio, reflexivo, aplomado, racional, congruente". Sin embargo, Obregón "es expansivo, jovial, intuitivo, nervioso, sanguíneo, contradictorio".

Al final de cuentas, lo único cierto es que el 18 de julio de 1928, mientras tocaban un vals, El Limoncito, el rostro del general mexicano más talentoso de todos los tiempos, el invicto Álvaro Obregón Salido, se estrelló contra un par de muslos de gallina en un plato de mole (como escribe José Emilio Pacheco en *La sombra de Serrano*). Y en ese instante empezó a reinar sin competencia Plutarco Elías Calles.

En principio no se vale juzgar una novela por lo que no contiene su texto o no se propuso su autor, pero, ¿qué es ese mundo no contenido, en dónde está y hasta dónde se amplifica esa no intencionalidad del novelista o del narrador?

Para desentrañar sus múltiples significados, medir su amplia o restringida gama de posibilidades interpretativas, se diría que basta y sobra con su proposición escrita, literal, sin forzadas mediaciones entre el mundo de la literatura (la novela) y el de la "realidad" (la historia) que en el fondo, y por lo demás, son uno y el mismo.

Sin embargo, *La sombra del caudillo*, de Martín Luis Guzmán, escapa a este tipo de aproximación porque en su tejido mismo se trazan las coordenadas de un momento histórico concreto y no sucede precisamente en Singapur, sino en una ciudad (incontaminada aún) que se tiende bajo las faldas de un cerro, el Ajusco, y se ramifica en calzadas que se llaman "de Chapultepec", calles como Niza y Florencia, paseos "de la Reforma" y avenidas "de los Insurgentes". Por si no bastara esta deliberada interacción político-literaria, histórico-novelesca, el propio Martín Luis Guzmán (1887-1976) se encargó de contrapuntear a los personajes de la novela con algunos protagonistas (o la refundición de varios) de la vida real y de los años 1923, 1927, 1928...

Martín Luis Guzmán empezó a escribir *La sombra del caudillo* antes (¿dos, tres, cinco años?) de 1929. La novela, una de las de mayor intensidad trágica entre todas las mexicanas, empezó a circular en México en 1930.

Su tema es la tragedia de la reelección.

Todo empezó cuando el general Álvaro Obregón quiso reelegirse. Primero mandó matar a Francisco Serrano. Luego lo mataron a él.

El adverbio temporal "antes" (...de 1929, fecha en que Guzmán concluye la novela) quisiera congelar retrospectivamente el tiempo en la imaginación del lector y jugar con la suposición de que el novelista empezó a dar forma a su visión del poder en forma de novela, es decir, que empezó a escribir su novela cuando aún no había tenido lugar la matanza del general Francisco Roque Serrano y sus partidarios el 3 de octubre de 1927 en Huitzilac, Morelos.

Es tan posible como incomprobable que la muerte del divisionario sinaloense haya servido de conclusión o desenlace a la novela que Guzmán traía en la cabeza desde 1923, el año de la rebelión delahuertista, cuando salió al exilio (primero a Nueva York, luego a Madrid). El escritor se fue, pero aquí quedaron sus pasiones, su compromiso político personal si no con el proyecto de Adolfo de la Huerta sí con la misión periodística de informar según su propia conciencia en las páginas de *El Mundo*, el diario del cual era director. Por segunda vez en su vida conocía el destierro. No volvería a México hasta 1936. ¿Tendría algún interés imaginar que el asesinato de Serrano le vino a resolver el trazo circular de un personaje (basado en De la Huerta) que ya estaba elaborando?

Desde la Casa del Lago, donde residía como ministro de Hacienda (léase su interesante correspondencia con Plutarco Elías Calles), el ponderado y fino sonorense Adolfo de la Huerta llevó en septiembre de 1923 y personalmente su renuncia al Castillo de Chapultepec, la residencia presidencial. Martín Luis Guzmán publicó entonces en *El Mundo* una copia del texto de la renuncia y, enardecido, el presidente Obregón nombró como sustituto a Alberto J. Pani. A partir de entonces se desencadenó una sorda rivalidad por el poder entre las dos figuras restantes del golpe de Estado contra Carranza que se fraguó en Aguaprieta: Plutarco Elías Calles (a quien favorecía Obregón) y Adolfo de la Huerta, a pesar de que este último reiteradas veces aclaró (como el general Ignacio Aguirre de *La sombra del caudillo*) que no aspiraría a la presidencia de la República y que tenía derecho a que se le creyera. Más tarde, ante la imposición de Calles, más del 60 por ciento del ejército de la revolución optó por un pronunciamiento —el delahuertista— cuyas dimensiones, duración y costos humanos y materiales a veces se olvidan, y que sólo después de seis meses fue conjurado.

Este momento que va de la renuncia de De la Huerta a la irritación de Obregón y que antecede al levantamiento parece trasladado casi tal cual a *La sombra del caudillo*. En cuanto el general Ignacio Aguirre dimite del Ministerio de Guerra, lo sustituye de inmediato —por órdenes del Caudillo— el general Martín Aispuro, pero entonces Aguirre —sin otra alternativa— lanza su candidatura e insinúa torpemente en su campaña electoral que podría tomar medidas extremas (¿como la rebelión?) para llegar al poder.

Ciertamente no hay indicios —ni en sus escritos ni en sus conversaciones— de que Martín Luis Guzmán haya empezado a redactar *La sombra del caudillo* durante los primeros años de su segundo exilio (a partir de 1923). Las asociaciones que provoca su lectura, no obstante, conducen a considerar (para los fines de la ficción novelesca) más determinante y evocativo el episodio relacionado con De la Huerta que el trágico desenlace del caso Serrano.

Contra la difundida creencia de que la novela de Guzmán transfiere de la realidad a la literatura predominantemente las industrias y andanzas políticas de Serrano, existe el testimonio personal del escritor en que cuenta a Emmanuel Carballo (*Diecinueve figuras de la literatura mexicana del siglo XX;* Empresas

Editoriales, México, 1965) que "el caudillo es Obregón, está descrito físicamente". La composición del personaje del general Ignacio Aguirre no sólo se gesta en De la Huerta, a quien Guzmán profesaba singular simpatía y a quien conoció muy bien, sino además, pero mucho menos, en Serrano.

"Ignacio Aguirre —dijo M. L. Guzmán a Carballo— es la suma de Adolfo de la Huerta y del general Serrano; en el aspecto externo su figura no corresponde a ninguno de los dos. Hilario Jiménez —ministro de Gobernación— es Plutarco Elías Calles".

Para algunos escritores las figuras del poder son los seres más fascinantes del mundo. Para otros, los políticos resultan ser los personajes más vulgares e insulsos del mundo, predecibles, narcisistas, vacuos, triviales. Y los menos interesantes. Pero Guzmán estaba en esta película, la de la política, y los personajes de la realidad en cierto modo le iban escribiendo sus novelas.

Tal vez lo esencial y determinante del presidencialismo mexicano se encuentra —más allá de la ausencia de división de poderes, que es su clave— en la inveterada práctica de que el Presidente, contra la voluntad de su propio partido y ciertamente en contra de la ciudadanía en general, nombre a su sucesor. Hay en La sombra del caudillo una escena crucial que ilustra a la perfección este dispositivo del presidencialismo: Antes de decidir si se postula o no a la Presidencia, el general Aguirre visita al Caudillo en Chapultepec para decirle que no se cree con tantos merecimientos ni tiene tampoco esa ambición.

"—Muy bien... ¿Y piensa usted eso mismo? Lo importante está allí.

—Si no lo pensara, mi general, no lo diría. [...]

—Lo que le pregunto, Aguirre —el Caudillo continuaba—, no es si en efecto piensa usted lo que está diciéndome. Le pregunto si piensa en efecto lo que respondió a sus partidarios. Dos cosas bien distintas.

¿O no me explico? [...] Lo de su falta de merecimientos lo entendería yo mejor si en esto no interviniera para nada el general Jiménez. Porque yo bien sé que usted, acaso con motivos muy dignos de pesarse, cree superar en muchos conceptos a su contrincante. ¿Cómo explicarse entonces que la candidatura del otro le parezca a usted más aceptable que la suya propia?

—Primero, mi general, porque es público y notorio que él sí aspira a ser presidente...

—¿Y segundo?

—Segundo, porque... porque es posible y aun probable que la benevolencia de usted lo ayude en sus deseos.

El Caudillo replicó pronto:

—No sería yo, sino el pueblo...”

Como en todas las relaciones humanas en la política existe también un juego de simpatías y antipatías, seducciones y rechazos, posesividad y desprecio. El vestido, los automóviles, la buena apariencia física, la actuación hacia el exterior, la imagen, la amistad, son las cotidianas emanaciones de un poder que se tiene o se quiere tener o se aparenta. "Todos los cuerpos producen, en esa difuminación del linde, su peculiarísimo fantaseo. En él revelan lo más propio y más valioso: su poder", dice Eugenio Trías (en *Meditación sobre el poder*; Ed. Anagrama; Barcelona, 1977).

Una suerte de erótica del poder también se consiente entre los personajes que habitan ese mundo casi exclusivamente masculino de la política mexicana en *La sombra del caudillo*. La "primera impresión" de la presencia física, el traje de buen gusto, el sombrero, el porte, el automóvil como extensión de la "personalidad" o de la indumentaria, conforman la imagen que el político, día con día, va moldeando y ofreciendo a los demás. Ante todo la forma: la exhibición sin rubor de una buena corbata y una camisa bien cortada. Y una poca de discreta loción.

"Rubia y esbelta" es la figura de Axkaná González: "La blancura de su rostro lucía con calidez sobre el azul oscuro del traje; sus ojos, verdes, parecían...", dice, embelesado, M. L. Guzmán.

Aguirre "no era hermoso, pero tenía... un talle donde se hermanaban extraordinariamente el vigor y la esbeltez; tenía un porte afirmativamente varonil... Su bella musculatura, de ritmo atlético, dejaba adivinar bajo la tela del traje de paisano algo de la línea que le lucía en triunfo cuando en ella se amoldaba el corte, demasiado justo, del uniforme... Y hasta en su cara, de suyo defectuosa, había algo por cuya virtud el conjunto de las facciones se volvía no sólo agradable, sino atractivo... ¿Era la pulpa carnosa de los labios, que enriquecía el desvanecimiento de la sinuosidad de la boca hacia las comisuras?".

En la primera página de la novela hacen su aparición, conversando en el interior de un auto, el general Ignacio Aguirre y "su amigo inseparable, insustituible, íntimo: el diputado Axkaná". En un país y en una época que no desconocía las traiciones ni olvidaba a sus víctimas (Madero, Zapata, Carranza, Villa) la política tiene que hacerse con amigos. Se prefiere y se necesita la lealtad de la amistad ("La ideología más extendida en México es la de la *amistad*", escribía José Revueltas) por encima de la capacidad técnica o la competencia administrativa, porque la eficacia política emana justamente de esa amistad.

Excepción inconcebible en un mundo donde las cuestiones públicas son asuntos de hombres, el México de la novela privilegia por un lado a "hombres públicos de significación propia" que se contraponen a seres mediocres y ambiciosos (sin propósitos de servicio a los demás cuando obran políticamente) y por otro utiliza, como elementos accesorios para bien tramar las interacciones narrativas del argumento, a los personajes femeninos, ideales de pureza o prostitutas. Rosario, una de las tres mujeres del general Aguirre, cubre la parte romántica del trágico divisionario, quien como buen militar "sabía que las batallas amorosas se dan para ganarlas, y que no siendo así, el triunfo está en la retirada". Sólo al principio de la novela, en el capítulo de apertura, se dibuja a una mujer que no volverá a jugar un papel protagónico: "Rosario acababa de cumplir veinte años: tenía el busto armonioso, la pierna bien hecha y la cabeza dotada de graciosos movimientos que aumentaban, con insólita irradiación activa, la belleza de sus rasgos. Sus ojos eran grandes, brillantes, y oscuros; su pelo, negro; su boca, de dibujo preciso, sensual; sus manos y pies, breves y ágiles".

Parece ser la única relación de Aguirre no contaminada por el poder (cuando Rosario "hablaba, sus palabras —un poco vulgares, un poco tímidas— descubrían una inteligencia despierta y risueña, aunque ineducada, un espíritu sin artificio..."), pero sus pasiones —las de Aguirre— cobran mayor intensidad en otra parte, en el ámbito del azar y el juego de la política: en la lucha por el poder, que es donde en realidad deposita su líbido.

Las fálicas fascinaciones de esa erótica cotidiana del mundillo político a la mexicana, entre puros hombres, se confunden también en una admiración irresistible por lo militar. Al describir a Axkaná González, el autor señala que en la leve inclinación de su sombrero (ese sombrero que al final será un detalle narrativo inquietante entre la muerte de Aguirre y la sobrevivencia azarosa de Axkaná), "había remotas evocaciones marciales, algo militar heredado; pero, en contraste, resaltaba, en el modo como la pistola le hacía bulto en la cadera, algo indiscutiblemente civil".

Si el erotismo inaugural de la novela ("Rosario se

entregaba a imaginar el varonil juego de la pierna de su amigo bajo los pliegues, caprichosamente movibles, del pantalón. Era, la de Aguirre, una pierna vigorosa y llena de brío.") se desplaza a otras instancias de la tragicomedia política mexicana es porque poco a poco Guzmán va enriqueciendo esa erótica ambivalente que se suscita en torno al placer del poder y sus manifestaciones aparentemente más inocentes. Por ello es tan importante para los personajes el vestir bien, el buen coñac, las camisas de seda, los deleites gastronómicos, esas corbatas bien anudadas y con ese tejido interior bien almidonado para que no se doblen, y los zapatos suaves. Pura frivolidad, se diría, pero ante sus políticos semejantes les importa dar la impresión de fuerza, de poder, de sobrada autosuficiencia y generosidad. Por eso se confunde en ellos la elegancia con el oficio, porque son pura imagen, pura apariencia. Les importa más el parecer que el ser. Si falla su diaria, constante puesta en escena, su poder puede desvanecerse tanto como la altivez de una estatua de sal. Son actores, intérpretes de diálogos que se van haciendo sobre la marcha: "Pero oyéndolo a él, la Mora y sus compañeras... no sentían que la palabra fuera cosa de magia, sino simple accesorio puesto a la substantividad del ademán del cuerpo".

Las prostitutas sentían por los jóvenes políticos "igual admiración que si fueran aviadores o toreros, y si los creían espléndidos y ricos, manirrotos como bandidos de leyenda, no era eso lo que en el fondo las atraía más, sino la traza futura de sus planes, porque entonces les parecía estar aspirando, en la fuente misma, la esencia de la valentía auténtica".

La sombra del caudillo empieza y concluye con un *Cadillac*. Como la ciudad que le sirve de escenario, la novela aparece reiteradamente surcada, recorrida, transitada —fatigada, diría Jorge Luis Borges— por automóviles que recuerdan las máquinas de *La banda del automóvil gris.*

El *incipit* de *La sombra del caudillo* hace referencia al auto más lujoso del continente: "El *Cadillac* del general Ignacio Aguirre cruzó los rieles de la calzada de Chapultepec..." Y la novela cierra, amarra su relato con las siguientes frases: "Segura salió a la calle. Junto a la Profesa esperaba el *Cadillac* de Ignacio Aguirre".

Las máquinas rodantes llevan, son una fuerza aplastante o circulante, se impulsan por sí mismas, cargan en sus entrañas su propia, autónoma energía. Y el conductor, el dueño, al volante, la gobierna. Sería reiterativo anotar que son un engranaje, tanto en el sentido literal de la mecánica automotríz, como en el figurado de la novela: son conectadores, imágenes del poder de la clase gobernante (en un sueño, uno mismo se conduce mediante la fuerza de su auto, lo dirige y lo controla: conducir un auto es ir soltando resortes y fuerza), elementos logísticos de la delincuencia patrocinada por el Estado, máquinas siniestras o ataúdes, palacios con ruedas y motores.

"Aquí tiene usted dos mil pesos oro para que vaya al sitio de automóviles que está frente al teatro de Bellas Artes y contrate veinticinco carros para llevar a cabo una expedición a Cuernavaca", cuenta el general Luis Alamillo Flores al recordar en *La sombra de Serrano* la orden que le dio el general Joaquín Amaro (ministro de la guerra en el gabinete de Calles, ciego ejecutor de todas sus órdenes) el 2 de octubre de 1927. Aunque personalmente Alamillo no acudió a la carretera de Cuernavaca, debido a una contraorden de Obregón que lo remitió para otro asunto urgente en Cuautitlán, los fatídicos *Ford* fueron alquilados y en ellos finalmente transportados hasta el castillo de Chapultepec los cadáveres del candidato presidencial antireeleccionista, general Francisco Serrano, y sus amigos, por indicaciones de quien dirigió la operación de Huitzilac: Claudio Fox.

A medio camino de Cuernavaca, donde hacía "un frío de montaña", relata José Emilio Pacheco en *La sombra de Serrano*, el general Fox (a quien Amaro le prestó su *Lincoln*) ordena que "los prisioneros suban a los *Ford* de alquiler, cada quien con un oficial y tres soldados. Sólo Serrano continuará en su propio coche, al que Fox ya ha puesto el ojo".

Luego de la matanza, "Fox se apropia del automóvil y veinte mil pesos de Serrano. Bajo los faros de los vehículos arrastran a los cuerpos: muñecas desolladas, mandíbulas desprendidas, cuencas vacías. Los sientan en los Ford, único medio de hacerlos caber", añade Pacheco.

Más al papel macabro y dramático que jugaron los autos en la masacre que al automóvil más lujoso de la General Motors, el *Cadillac*, el Rolls-Royce de Norteamérica, parece deberse la inclusión (¿la fascinación, la obsesión?) que hace de estas máquinas Guzmán en la novela.

Sin embargo, el cuerpo de Axkaná González "se reflejaba a capricho en el flamante barniz del automóvil", "el coche se deslizaba raudo entre las filas de los árboles de la Reforma y parecía atraer sobre sí el dorado ángel de la Independencia", "El hermoso *Packard* estaba allí"...

Al contemplar a Rosario (uno de sus deseos, el otro era el poder), el general Ignacio Aguirre "sintió... un transporte vital, algo impulsivo, arrebatado, que de su cuerpo se comunicó al *Cadillac* y que el coche expresó pronto, con bruscas sacudidas, en la acción nerviosa de los frenos... Llegó a toda velocidad hasta el lugar preciso, para que el auto se detuviera allí emulando la dinámica —viril, aparatosa— del caballo que el jinete raya en la culminación de la carrera".

Desde el automóvil se ve de otra manera la cotidianidad urbana o se contempla el mundo de otro modo: "Ya en la calle, la cálida caricia del mediodía, más muelle a través de los cojines del auto, lo empapaba en sensaciones particularmente gratas". Y ese sentirse llevar es otro de los deleites del poder y sus engranajes. Uno se abandona. Se siente parte —prescindible acaso, nunca se sabe— de una maquinaria. El tiempo queda a merced del trayecto. Desde el automóvil es otra película la que se ve.

Alcoba para los encuentros íntimos con Rosario, oficina ambulante para las confidencias políticas con sus amigos o sus socios comerciantes, lecho sedante y solitario para la tensión del ministro apesadumbrado, el automóvil es en la novela "un procedimiento tan visible y frecuente que puede pensar uno en una intención especial del narrador", escribe Evodio Escalante. Y argumenta: "El hecho es que Martín Luis Guzmán muestra una predilección por autonomizar ese símbolo de *status* y prestigio social que es el automóvil a tal grado que puede pensarse que el automóvil del general Aguirre es una especie de testigo mudo de la novela".

Tanto el *Ford* y el *Chevrolet* que participan en el secuestro de Axkaná, cuando lo pasan de uno a otro automóvil, por las calles de Florencia y Hamburgo y el camino del Desierto de Los Leones, como el *Cadillac* de Aguirre —que es lo primero que ve al salir de su celda, ya preso en Toluca—, y el "hermoso *Packard*" del cónsul norteamericano que se convierte en la *salvación* de Axkaná al sobrevivir a la matanza, parecen dar marcha a la acción de la novela, otorgarle un movimiento casi cinematográfico, y sobre todo, componer el engranaje de la narración y su tema: el poder.

En La *sombra del caudillo* Martín Luis Guzmán no trata de desmontar ningún crimen, como en la novela de detectives, sino de lo contrario: de ver cómo se monta, se pone en escena, un múltiple asesinato político. Sólo en relación al secuestro de Axkaná González, por órdenes de Gobernación, se siente un tono "policiaco", un ritmo de acción y de misterio. En la calle de Florencia, casi esquina con Hamburgo, unos agentes lo secuestran y le hacen beber, antes y luego de golpearlo en una cuneta del Desierto de los Leones, varios litros de tequila que le administran mediante un embudo de lámina.

"¿En manos de quién estoy: en manos de una partida de forajidos o de un grupo de agentes del gobierno?", se preguntaba Axkaná, pero en lo más íntimo de su desesperación anhelaba que fueran bandidos, "bandidos de lo peor, pero en ningún caso sicarios gobernistas".

"No hay peor casta de criminales natos que aquella de donde los gobiernos sacan sus esbirros."

A partir de este episodio empieza a configurarse un tema que habría de desarrollar más tarde M. L. Guzmán: el uso político de la delincuencia, el proceso de criminalización del Estado mexicano.

Horas antes de la masacre, en medio de aquel "frío de montaña" —como escribe José Emilio Pacheco— el general Ignacio Aguirre habría de recorrer la vista por los rostros de sus amigos alineados sobre la cuneta de la carretera y que habrían de morir con él. "Su boca insinuó el nombre de cada uno; sus ojos hicieron el recuento de los doce [como los apóstoles]... Sintió entonces una profunda emoción: la que le inspiraban aquellos doce hombres..." Más tarde, sobre la falda incipiente de los cerros, yacían dispersos doce cadáveres. Uno de ellos era el de Ignacio Aguirre.

Junto a él, con una bala encajada entre la tetilla y el hombro, Axkaná González había sido abatido; cayó por tierra no tanto a causa del desfallecimiento físico, "sino por la irresistible necesidad de sucumbir... con su amigo: porque era consuelo recibir la muerte de la misma mano".

El sombrero de Aguirre, al desprenderse de su dueño, rodó hasta sus pies. Axkaná, en cambio, conservó el sombrero puesto. "El ansia de morir chocó un instante, en su espíritu, con aquella diversidad inmediata; él había creído que su muerte repetiría, detalle a detalle, gesto a gesto, la de su amigo." Desde el páramo donde desfallecía, Axkaná vio entonces, "limitada arriba la imagen por el ala del sombrero", que Aguirre recibía el tiro de gracia.

Empezaba a anochecer. Axkaná se incorporó y corrió. Agarró monte, "a lo largo de los cerros que separaban la hondonada y el camino y que bajaban hacia el valle". Lo seguían algunos soldados. Rozando casi el borde del talud, sobresalían los árboles del precipicio. "Sacudió la cabeza entre las rodillas para hacer que cayese su sombrero al suelo... y brincó... con tal furia que no parecía querer salvarse, sino suicidarse de una vez." Desde las ramas de los árboles en que había caído, "adivinó el momento en que sus perseguidores se detenían a ver el sombrero". Ya avanzada la noche, el *Packard* de su salvación ronroneó en la carretera.

Pero Axkaná González, la "conciencia revolucionaria", aquel que en la novela ejerce "la función reservada en la tragedia griega al coro", aquel en cuya "leve inclinación de su sombrero sobre la ceja derecha había remotas evocaciones marciales, algo de militar heredado", no es el sobreviviente.

El sobreviviente es el Caudillo, es decir, el asesino.

Y su poder no es nuevo: le viene de las muertes que ocasionó en más de ocho mil kilómetros de campaña, emana de los cadáveres que procuraba no pisotear y que le permitían gozarse vivo mientras caminaba entre las ruinas humeantes de las trincheras arrasadas, pro-

101

cede del hecho mismo de ser un sobreviviente, pues "la satisfacción de sobrevivir, que es una especie de voluptuosidad", dice Elías Canetti, "puede convertirse en una peligrosa e insaciable pasión".

Victoria y supervivencia coinciden en el sobreviviente. La confrontación con el que ha muerto lo colma de una fuerza muy particular (por propia iniciativa Álvaro Obregón quiere ver el cadáver del general Francisco Serrano, cuyo cabello acaricia) que no es comparable a ninguna otra: "Así como se ha matado al animal del que uno se alimenta... así también el hombre quiere matar al hombre que se interpone en su propio camino, que se le opone, que se yergue ante él como enemigo. Lo quiere derribar para sentir que él aún existe y el otro ya no. Pero no debe desaparecer enteramente: su presencia como cadáver es indispensable para lograr ese sentimiento de triunfo."

Novela en clave, *La sombra del caudillo* se quiere realista y trágica, alegoría de la ilegitimidad y la reelección, marcapaso de la historia nacional más inmediata (la masacre de Huitzilac del 3 de octubre de 1927), y no obstante todo ello, o por ello mismo, teatro de ramificaciones dramáticas que excede con mucho la sola lectura histórica.

Si la novela "no es un arte de lo que fue sino de lo que pudo haber sido", como dijo una vez Juan Marsé, habría que aventurarse entonces a pensar que *La sombra del caudillo* refunde en una sola versión magistral, trágica, lo que fue la lucha por el poder en un momento crucial y, al mismo tiempo, lo que esa contienda por el poder —centrifugada en todas direcciones, hasta secar y separar sus componentes más funestos— pudo haber sido.

EL PARTIDO DE LOS VIVIDORES

El PRI da de comer. Ser priísta significa que a uno le paguen los restaurantes, los hoteles y los aviones. De por vida. No se entra en el PRI para propugnar por un cierto proyecto nacional. No. Uno se inscribe en un partido de Estado para resolver, primero, un problema alimentario; después, para asegurar el propio patrimonio personal y familiar. Más adelante, para acumular infinitos recursos y poder patrocinar —con toda dignidad, sin andar dando lástimas— la propia carrera política que a la corta o a la larga resulta muy onerosa, por mucho que se siga financiando con el dinero de los mexicanos que pagan impuestos.

Es el partido de los *free-riders*.

Nadie está en contra de que unas cuantas familias pobres coman una o muchas veces al mes a lo largo del sexenio. Nadie se opone —sería una mezquindad— a que se tenga con ellas la misma solidaridad que se tiene con un Azcárraga, un Slim, un Larrea, un Vallina o un Bailleres. Qué bueno que después de 60 años de administración priísta ya tengan agua en Villa Solidaridad. Se tardaron un poco, pero qué bien. Ya era hora. Y qué bien que no les dé vergüenza venirnos con la novedad del agua luego de siete décadas de preponderancia priísta. Otra cosa es que esta obligación estatal se venda como el gran favor del partido de Estado, como la gran obra de caridad del

Presidente, tal y como si se pagara con el dinero de los bolsillos de los priístas y no con recursos de la nación.

Sí: es cierto que en Japón e Italia el mismo partido gobernó varias décadas, lo mismo en Suecia hasta hace unos cuantos años, tanto como el PRI en los Estados Unidos Mexicanos. Pero el paralelismo es sofístico porque en aquellos países el partido gobernante no se ha mantenido mediante el fraude electoral ni con recursos propagandísticos propios de la guerra sucia.

La tesis de que en los Estados Unidos Mexicanos no ha habido derramamiento de sangre desde que el PRI es el PRI se sigue esgrimiendo como un chantaje: "Ustedes nos tienen que agradecer que no haya habido derramamiento de sangre. Eso se debe a nuestra eficacia como clase política. El resto es *peccata minuta.*"

La misma extorsión discursiva se reproduce así: "Ustedes se tienen que aguantar todas nuestras cosas porque no estamos tan mal como en Sudamérica. Dense cuenta de que sin nosotros no hay gobernabilidad ni institucionalidad porque fuera del PRI no se sostendrían las instituciones, porque no hay reglas claras."

Ser priísta significa que uno tiene que apechugar: bajar la cabeza, todo a cambio de que le sigan financiando la vida con el trabajo de los demás ciudadanos. Es un *modus vivendi*, una existencia parasitaria.

"Personas de irreprochable conducta privada, espejos de moralidad en su casa y en su barrio, no tienen escrúpulos en disponer de los bienes públicos como si fuesen propios", dice Octavio Paz. "Se trata no tanto de una inmoralidad como de la vigencia inconsciente de otra moral; en el régimen patrimonial son más bien vagas y fluctuantes las fronteras entre la esfera pública y la privada, la familia y el Estado."

Sería tan injusto como sofístico parangonar el sistema de gestoría o intermediación priísta con el de la mafia siciliana. Lo único común a ambas formaciones es la cultura de la extorsión y la componenda cliente-lar. Primero, porque en el PRI no hay pactos de sangre ni se acude al asesinato para eliminar al enemigo. En el PRI todo es suave, a la mexicana, aunque se vale arrebatar si se trata de prefabricar el padrón electoral o de falsificar actas en las casillas. En todo caso su violencia —una violencia civilizada: un poder intimi-datorio, un pacto de "civilidad"— proviene de las fuerzas del orden: el ejército y la policía. Y la impu-nidad viene por añadidura.

La mafia siciliana es una intimidación. Sus entrela-zamientos se escurren por todos los intersticios de la clase política italiana. Se trata, en lo más profundo de su ser, de un sistema clientelar (entendido como in-tercambio de favores, complicidades y chicanas, he-chos de la vista gorda). La suya es una intermediación parasitaria entre la propiedad y el trabajo, entre la producción y el consumo, entre el ciudadano y el Estado. Pero no se vale compararla con el PRI porque la mafia se juega la vida para agenciarse sus propios medios, mientras que los miembros de la honorable sociedad priísta simplemente toman del erario público lo que necesitan. Si el mafioso posee la arrogancia y la seguridad de un policía, el priísta en cambio es muy buena onda: amable, cuate, pícaro: su *modus vivend*i tiene más que ver con la picaresca del *Lazarillo de Tormes* que con la rapiña de los chacales a los que alude Lampedusa en *El Gatopardo*. Un lapsus de nostalgia porfiriana podría hacernos caer en el para-lelismo gatopardiano si citamos a Giuseppe Tomasi di Lampedusa ("Nosotros fuimos gatopardos y leo-nes; nuestros sucesores serán chacales y hienas") por-que hacia finales del siglo XX el sistema de acaparación y dominación priísta —piénsese en los señoritos de Limantour y en los actuales— cada día evidencia más su estirpe porfiriana. Así que no vemos cómo, sin violentar la lógica, podríamos insinuar que cuando los priístas pasaron a dominar la cosa pública, ocuparon el lugar de los aristócratas y se convirtieron en clase dirigente, siguieron convirtiéndose en hienas y chacales "al desgarrar y devorar los bienes públicos, tal como antes habían devorado los bienes de sus antiguos amos".

Menos insidioso y metafórico se nos aparece Blas Cota en *El Imparcial*, de Hermosillo: "Al PRI se ingresa mediante un acto de abdicación (Gabriel Zaid). El individuo abdica de su conciencia y fuerza propias a favor del único hombre con poder real, con la expectativa de obtener a cambio una millonésima porción de ese poder y así poder trepar. Si se diera el caso de un Presidente que decretara la prohibición del uso de recursos del erario para las campañas del PRI, el PRI quedaría vacío: ser priísta dejaría de ser negocio. Al PRI se entra para tener acceso al presupuesto, a las llaves del reino, para competir, sí, pero con ventaja absoluta sobre los otros, a la segura, a sabiendas de que, si se pierde, se vale arrebatar."

Por eso la ICA y el ingeniero Borja están con el PRI, por eso Eloy Vallina está con el PRI, para hacer más negocios y poder comprarse aviones de la Navy. Por eso los intelectuales contantes y sonantes están en el PRI o lo aceptan tácitamente. Por eso Clinton está con el PRI. Por eso Prigione y el Papa Juan Pablo II están con el PRI. Por eso Azcárraga y Garza Lagüera y Zablubdovsky y Carlos Slim están con el PRI. Porque estar en el PRI es como vivir en estado de gracia. Por eso el Arquitecto del Régimen está con el PRI. Por eso los Garza Sada y los Madero Bracho y los Servitje y los Legorreta y los Bailleres, los Larrea y los Cosío, los Senderos, los Hernández y los Zambrano, están, ¿con quién creen ustedes?, con el PRI. Felices como nunca. Unidos para progresar. Por eso aquella "novedosa" fantasía política acuñada mediante la frase "liberalismo social" no era más que un juego de palabras.

Se trataba de un *slogan* como "la renovación moral", "arriba y adelante", "la marcha hacia el mar", a fin de mantener con vida artificial unos años más al Frankenstein parasitario. Y si los intelectuales sirven para algo —en un país donde en el fondo no cuentan para nada— es para proveer de frases nuevas a la insaciable necesidad de discurso que, como de una droga, tiene el poder.

Pero incluso desde sus tumbas sin sosiego que son sus libros los intelectuales siguen ofreciendo coartadas, cuando la política los manipula, para justificar cualquier ilusión discursiva. En todo lo de "liberalismo social" hay como un cocktail de Piero Gobetti (1901-1926), autor de *La rivoluzione liberale*, y sobre todo del autor de *Socialismo liberale*, Carlo Roselli (1899-1937), recalentados por algún profesor de filosofía política de la Universidad de Turín. Suena todo como a un Norberto Bobbio adulterado, de poco cuerpo, agrio y sin el aroma que tienen los buenos vinos, un Bobbio priísta condimentado con algunas ocurrencias de Michel Rocard. Porque todo lo trituran y consumen las fauces del poder, esa máquina de hacer chorizos que componen los "analistas" o redactores de discursos presidenciales, plagiarios sin rubor de ideas políticas ajenas.

SCIASCIA SOBRE MÉXICO

Caso Buendía: Cada vez que te dan a entrever una verdad es porque ésta es necesaria para dar más fuerza a la mentira. [*Sin esperanza no pueden plantarse olivos.*]

Neoliberalismo: Sobre las ruinas del marxismo aparecen y reaparecen muchas invenciones del paraguas. Un comediante milanés, Gandolin, recitaba este monólogo: un hombre se guarece de la lluvia bajo un portal y mientras aguarda a que cese de llover empieza a pensar en un objeto que se pueda llevar con facilidad y pueda utilizarse para protegerse de la lluvia. Inventa el paraguas. Pero apenas sale del portal se da cuenta de que ese objeto ya ha sido inventado. Lo mismo sucede con todo lo que aparece hoy y pasa por nuevo, que es el caso del neoliberalismo económico. Pero sigamos con la historia del paraguas: no es un gran mal presentar como nueva una cosa que ya es vieja, siempre y cuando sirva para proteger de la lluvia y no para golpearnos en la cabeza. Es posible que el neoliberalismo económico sirva sólo como bastón, y no como paraguas. [*Le Monde*, febrero, 1979.]

Leonardo Sciascia, escritor siciliano, nacido en 1921 y fallecido en 1989, es autor de El contexto, El caso Moro, Todo modo, El día de la lechuza, El mar color de vino, Negro sobre negro, A futura memoria. Algunas de sus frases proceden además de las entrevistas que le hicieron en La memoria de Sciascia, Sicilia como metáfora, Sin esperanza no pueden plantarse olivos, en periódicos y revistas.

Comisión Nacional de Derechos Humanos: Un Estado en el que el derecho sea únicamente un simulacro vacío es una profecía fácil. Pero es preciso combatir para que no se realice. Nuestra salvación, nuestra inmortalidad del alma, consiste ahora en esta lucha, tal vez inútil. [*A futura memoria.*]

Estado: El Estado ya no existe. Lo que ahora existe son grupos: pequeños estados, es decir, organizaciones criminales: todas las agrupaciones que actúan en función de los intereses particulares y de grupo. El interés general se ha perdido de vista. [*La memoria de Sciascia.*]

Intelectuales: Está también la forma de proceder del intelectual, que es siempre un poco cortesano, un poco conformista, que casi siempre está con el poder. [*L'Ora*, mayo, 1979.]

El intelectual orgánico es una especie de abono para la planta política. [*Sicilia como metáfora.*]

Siempre he pensado que un intelectual debe mantener la vocación de estar siempre en la oposición. [Citado por Claude Ambroise en el prólogo a *Leonardo Sciascia. Opere 1971-1983*; Classici Bompiani; Milán, 1989.]

Prensa: Este país se dividía antes en país real y país oficial. Respecto al país oficial estoy aisladísimo. Pero existe un país real. Gente seria, preocupada, que piensa, que no se atiene a aquello que cada mañana le propina el periódico. [*Lotta Continua*, octubre, 1978.]

Ovando y Gil: En los meandros del poder, donde el gran capital arma la mano de los asesinos, tiene muy poca importancia la identidad de quién ha sido delegado para matar. [*Le Nouvel Observateur*, junio, 1978.]

Periodismo: Hay la verdad de los hechos y existe un poder de la verdad que se puede ejercer. Éste debería ser el periodismo: dar el hecho en el momento, cuanto antes. El periodismo es como un juzgado de primera instancia, donde tienen valor los hechos. En cambio actualmente se practica un periodismo como apelación, donde los hechos desaparecen, lo que los abogados llaman la materia desaparece y sólo existe la forma. [*Lotta Continua*, mayo, 1979.]

Narcotráfico: La democracia no es impotente para combatir a la mafia. O mejor: nada hay en su sistema, en sus principios, que necesariamente la conduzcan a no poder combatir a la mafia, a imponerle una convivencia con la mafia. Por el contrario, tiene entre manos el instrumento que la tiranía no tiene: el derecho, la ley igual para todos, la balanza de la justicia. [*A futura memoria.*]

Abstencionismo: Yo no creo en la indiferencia. La indiferencia aparece sólo en las encuestas. La gente no es un absoluto indiferente. Yo no creo en la indiferencia. Nadie es indiferente. Distinguiría, sí, en cambio, entre los angustiados y los indiferentes. Aquellos que confiesan indiferencia, los que dicen "No me interesa, me da igual, no voy a votar", esos son falsos indiferentes. Al contrario, hay una parte, que creo que es la mayoría del pueblo, que está angustiada, que querría entrever un rayo de verdad. [*Lotta Continua, mayo*, 1979.]

Escritores: Ojalá que los escritores pudieran tener en nuestro país el papel que las polémicas les atribuyen, influir realmente cuando se les acusa de que influyen. Pero nunca han influído para nada, nunca han tenido un papel. Maquiavelo decía que ni siquiera los escritores te hacen voltear una piedra. Valiéndonos de esta imagen, podríamos decir que precisamente voltear las piedras: descubrir los gusanos que hay debajo, es lo máximo que los intelectuales pueden hacer. Ejercicio solitario, por su cuenta y riesgo. [*Negro sobre negro.*]

Política: Un escritor siempre debería poder decir que la política de la que se ocupa es ética. Sería bueno que lo pudieran decir todos. Pero que por lo menos lo digan los escritores. [*Negro sobre negro.*]

Memoria: Los periódicos no duran un día, no todos acaban en los convoys destinados a la combustión. Escribir en un periódico es, como decía Horacio, como escribir sobre planchas de bronce. [*L'Expresso*, octubre, 1978.]

Complejo Propagandístico Gubernamental: El poder ha adquirido ahora una cualidad fantástica. Es una realidad (terrible) que se ha convertido en ficción, y para convertirse de nuevo en realidad tiene que pasar a través de la literatura. [*Spirali*, enero, 1979.]

Sobre el asesinato de Luis Donaldo Colosio: Nunca se sabrá ninguna verdad respecto a hechos delictivos que tengan, incluso mínimamente, relación con la gestión del poder. [*Negro sobre negro*.]

EL PODER MEXICANO

Si bien es cierto que, como apuntó en su momento Jorge Aguilar Mora, "todavía no hay nadie que le haga decir a *Pedro Páramo* otra cosa que lo que literalmente dice", es decir, que es muy difícil o muy arbitrario hacer que el texto de la novela escape a su estricta *literalidad*, también es cierto que el discurso de la novela, el río de sus secuencias, se va montando desde la sabiduría de quien no tiene verdades totales o eternas.

Si la literatura simplemente quiere ser, presentar sin juzgar, tal vez por ello mismo aspire a desideologizar el lenguaje (lo cual no deja de ser una concepción ideológica de la literatura) y así, según esta postulación indemostrable, resulta que la construcción de un personaje como Pedro Páramo obedece a los requerimientos dramáticos más rigurosos de todos los tiempos.

Pedro Páramo, la encarnación del poder mexicano, es contradictorio, ambivalente, ambiguo en esa dimensión interior en que se muestra sufriendo por Susana San Juan o ejerciendo en el condado de la Media Luna —cacicazgo, territorio al que no llega el poder formal del Estado— sin piedad el dominio. Su absolutismo caciquil no lo exime de mostrarse "humano", como el asesino que después de acribillar a alguien se conmueve ante la invalidez de un gato. Y puede ser todas las representaciones en una, legales o extralegales, desde Guadalupe Victoria hasta cada uno —todos en uno: un Porfirio Díaz de 50 cabezas— de los presidentes de la República posteriores.

—La semana venidera irás con el Aldrete. Y le dices que recorra el lienzo. Ha invadido tierras de la Media Luna.

—Hizo bien sus mediciones. Me consta.

—Pues díle que se equivocó. Que estuvo mal calculado. Derrumba los lienzos si es preciso —dice Pedro Páramo.

—¿Y las leyes? —pregunta Fulgor Sedano.

—¿Cuáles leyes, Fulgor? La ley de ahora en adelante la vamos a hacer nosotros.

Toca así Juan Rulfo los puntos más inconscientes de la legalidad mexicana.

País ilegal, mundo en el que sólo se invoca la legalidad como coartada, México tiene su representación en Comala: el reino de la impunidad. Como el Presidente de la República mexicano, Pedro Páramo no le rinde cuentas a nadie y así, poco a poco, a medida que transcurren los años desde su publicación en 1955, *Pedro Páramo*, la novela, va convirtiéndose en la gran metáfora del poder mexicano, la quintaesencia del cacique y del absolutismo presidencial, el modo de ser de la presidencia autoritaria, el estilo del poder mexicano.

Adriana Menassé reflexiona en *La ley y la fisura* sobre la ausencia de la ley en el condado de Pedro Páramo o la encarnación de la ley que el cacique de Comala asume por sus pistolas.

"En México el atropello queda impune. El poder está más allá de toda justicia, porque si nada lo funda, ante nada tiene que justificarse. No hay entonces restitución del Orden porque no hay Ley ordenadora.

"Por eso en México transgredir es la norma. Transgredir por la fuerza o por la astucia porque la legalidad es sólo el conjunto de normas que el dominador

114

le impone al dominado, el amo al siervo o al esclavo. Quien tiene poder está fuera de la ley, exento de las obligaciones que impone la ley; todo poder, por lo tanto, incluso el más mínimo, se esgrime como fuerza. ¿Quién no teme en México encontrarse con una policía cuyas arbitrariedades quedan siempre ocultas bajo el amparo del poder?"

Y todo esto dicho a partir de la "inofensiva" literatura, a partir de esa bomba de tiempo que puede ser *Pedro Páramo*.

En el país de la impunidad —ennumérense aquí las fechas históricas en las que los no pocos crímenes políticos quedaron definitivamente impunes— "al transgredir se expresa o se adquiere poder", tanto desde arriba hacia abajo, desde la instancia más elemental del Estado, como en la vida cotidiana.

En la desolación de Comala, lo único que ocupa un lugar en el espacio es la ausencia de la ley interiorizada.

Pedro Páramo: dios único, dios inverso y sin fe, dios de la arbitrariedad y el sinsentido.

Pedro Páramo: metáfora de la descomposición del poder en la tesis de Adriana Menassé, metáfora de todo el inconmensurable poder, y también "de la mentira, el cohecho, la falta de escrúpulos".

Y ¿de dónde le viene este poder a Pedro Páramo y/o al Presidente de la República?

Marcel Mauss indaga el origen de los poderes mágicos en las primeras comunidades tribales australianas, en los mitos, en las etapas más ancestrales y atávicas de la humanidad. Quiere desvanecer al antropólogo francés el vaho que deforma los rasgos más pronunciados del poder. Y sospecha que "el poder mágico proviene del nacimiento, del conocimiento de la fórmula y de las sustancias, de la revelación por el éxtasis", como si mediante una trasposición analógica se estuviera refiriendo al gobernante, al cacique, a Pedro Páramo, al capo mafioso, al Presidente.

¿De dónde emana ese poder delegado, temporal, sexenal o vitalicio? ¿Del consenso social? ¿De las armas? ¿De la fuerza? ¿Del fraude electoral? ¿De la intimidación?

La voluntad popular de las democracias representativas equivaldría en Mauss a "la perfecta credulidad de los clientes del mago" que no vive en un vacío social sino en una provincia de relaciones.

El mago, el gobernante, el Presidente, Pedro Páramo "es un ser que se ha creído y se ha colocado, al mismo tiempo que se le ha creído y se le ha colocado, en una situación sin par", de modo semejante al mandatario. Ha bebido en el mundo de las fuerzas sobrenaturales, pero "esos espíritus, esos poderes, sólo tienen existencia para el *consensus* social, la opinión pública de la tribu".

Como el primer ministro, el dictador, el Presidente, el rey, el gobernador, el cacique Pedro Páramo, el mago australiano "es un ser que la sociedad determina y empuja a verificar su personaje".

Porque su poder es tabú y nadie puede tocarlo.

Hay algo terriblemente primitivo en el poder mexicano, mucho de sagrado, una condición inapelable por la vía democrática, un destino intransferible. De ahí la satanización consecuente de quien se atreva a desafiarlo.

EL ELEMENTO MALÉFICO

El tema de la apostasía —abandonar un grupo para entrar en otro, repudiar las convicciones políticas de la juventud para suscribir otras en la madurez, transitar de una mocedad de izquierda a una militancia más segura y más remunerativa en el invicto partido del Estado— no ha sido escamoteado nunca por la narrativa mexicana. El personaje que encarna ese drama (pasar de la edad de la ideología a la edad de la razón presidencial) ha estado aquí y allá, en novelas de José Revueltas, Carlos Fuentes, Martín Luis Guzmán.

Es el caso de Daniel Guarneros, el personaje de Sergio Pitol que comparece en *Cuerpo presente* (Ed. Era; México, 1990), en el cuento que da título al volumen y que fue escrito en Roma en 1962.

Hacia finales de los años 20 (la campaña vasconcelista), la década de los 30 (la época de Ninfa Santos, el Socorro Rojo Internacional, la recepción de los republicanos españoles, la expropiación petrolera, la esperanza cardenista), Daniel Guarneros vivió una etapa de entusiasmo político. Los años 30 fueron para él lo que los 60 para quienes sintieron en la Revolución cubana un sueño realizado. Sin embargo, más tarde, la vida llevó a Daniel Guarneros por otros derroteros, cuando aceptó un puesto en la Presidencia.

—Ya has dado muchos tumbos, mi viejo —le dijo un amigo de toda la vida—, y no me vengas con historias, es hora de que empieces a sentar cabeza. En todo me hallarás de acuerdo con tus ideas, ¿quién no habría de estarlo?, créeme, el Presidente es el primero. Puedes ya ir dando por hecho que trabajas con nosotros.

"Parecía que aquello le sucedía a otra persona... y no al que escribía, divertido, ante las perspectivas de jugosos sueldos, de una casa frente a las playas de Acapulco, de viejas, de viajes, en una tarjeta sebosa cuyo ángulo izquierdo reproducía el escudo nacional, su nombre, y abajo sus consabidos puntos: licenciado en derecho por la UNAM, laureado en ciencias económicas en el Collège de France, consejero en el departamento tal de la Secretaría de Hacienda, consejero en el Banco de Crédito Ejidal."

¿El poder para qué? Para todo. Para vivir más. El poder por su valor de uso y su valor de cambio: el trueque de Fausto y Mefistófeles, el intercambio fatal de los reflectores que en un estadio del Berlín de los años 30 acribillan a Reiner Maria Brandauer en la película *Mefisto*. El poder, en la obra de Sergio Pitol, como equivalente de lo demoniaco: el elemento maléfico que frecuenta Thomas Mann, el de la tradición faustiana, como puede discernirse en "Del encuentro nupcial", "Hacia Varsovia", "Nocturno de Bujara", y no menos en "Cuerpo presente".

Pero cuando le comunicaron que esa misma noche se celebraría una junta para trazar el plan de campaña a seguir, "entonces empezó la pesadilla, esa sí muy concreta, muy al alcance de la mano, y el hombre que fue, el desleal, el chambista-arribista-oportunista, el tibio compañero de ruta desapareció del todo para revelar a otro que merecía distintos adjetivos: los que un idioma va acuñando para calificar por ejemplo a la hiena".

Una noche se encuentra ante una copa de coñac en el bar del hotel Excélsior, en Roma, y empieza a recordar, es decir, a torturarse, en una especie de crisis en espiral descendente e insondable. La frase de un antiguo amor, Eloísa Martínez, resuena en sus tímpanos: "Eres un bicho; de ahora en adelante lo serás cada vez más. El Daniel que amé ha desaparecido para siempre."

Militante de izquierda cuando joven, funcionario "progresista" ahora, dueño de una fortuna y de innumerables negocios, Daniel Guarneros va reconstruyendo interiormente cómo se fue incrustando en las estructuras del poder gubernamental. "El alcohol no tenía alcances ni poder para aquietar terrenos de la conciencia convertidos en una pura llaga."

En vez de responder al abierto reclamo de una rubia estupenda, Daniel Guarneros pensó en ese instante hasta qué punto se detestaba y de qué manera los hechos que conformaban su vida se habían vuelto estúpidos e innobles.

—Mira, primor —se oyó diciéndole a la rubia, ante una nueva botella—, aunque hablaras mi lengua no podrías comprenderme. Éramos muy chamacos y el maestro nos tenía convencidísimos... No se ha repetido en México una generación como la nuestra. Estábamos decididos a entregar hasta el pellejo si se hacía necesario. Nos faltaba claridad en cuanto a los fines, pero así y todo, créeme, nos lanzábamos a hablar en los mercados, en la Universidad, por la calle, por donde podíamos. Muchos fueron a parar a la cárcel, ¡qué importaba! Queríamos cambiarlo todo.

Pitol sabe que el tema ya se ha tratado en la novela mexicana, en José Revueltas y, sobre todo, en *La muerte de Artemio Cruz*, de Carlos Fuentes: el revolucionario que termina verdaderamente desgastado y se convierte en enemigo de todo lo que defendió. En las novelas de Mariano Azuela y en las de Martín Luis Guzmán desfilan hombres que en la lucha revolucionaria pierden sus ideas sin darse cuenta y se vuelven una copia de aquella clase a la que combatían y detestaban. "Hay una transformación a través de los años y en algunos casos una verdadera traición. Hay un adormecimiento de su ser, de su combatividad y su integridad personal, de su capacidad de indignación y de raciocinio, de su juicio crítico y moral", me dijo Sergio Pitol en una entrevista de 1986.

Es una constante en la novela mexicana: las antiguas convicciones revolucionarias se convierten en formas casi de rapiña, de apropiación del país.

Sin embargo, su personaje sigue siendo un funcionario "de izquierda" y podría ser, al conservar sólo el discurso progresista, una metáfora individual de lo que sucedió con la Revolución mexicana.

"No", dice Pitol. "Daniel Guarneros cambió y trata de matar a su ser anterior. Por eso le vienen esas rachas de desprecio por sí mismo, cuando se siente solo. Seguramente cuando se le pasa la cruda, vuelve a ser el hombre de negocios, el empresario, el funcionario aparentemente liberal."

Pero Daniel Guarneros se justifica diciendo que en su oficina de investigaciones políticas de pronto le salva la vida a una ex compañera, le borra su ficha policiaca, evita que la detengan o la torturen.

No denuncia a Eloísa Martínez en el informe preparado sobre actividades "que comenzaban a considerarse subversivas; relación que pudo hacer mejor que nadie pues tenía para ello datos de primera mano: su colaboración con los otros: comités de apoyo a la expropiación petrolera, grupos de solidaridad con la República Española, organizaciones contra el fascismo, y ella, Eloísa, ¿no había sido miembro del Socorro Rojo Internacional, del Comité de ayuda a Rusia en guerra y demás zarandajas por el estilo? No, no, debía una y mil veces dejar constancia de que no se trataba de una traición".

Sin embargo, qué difíciles se le hicieron aquellas noches de sudores helados... "Agua que no fluye se estanca", se repetía y era de hombres sensatos avanzar, madurar. "¿Que hubo ese cambio? Bien, sí, sí lo hubo; evolucionó, se transformó, pero sabía que su destino individual se deslizaba por la corriente de la historia. Los tiempos eran otros: allí residía el meollo de la cuestión que Eloísa y sus vagabundos, alocados compañeros, se negaban a comprender. La época de ninguna manera era la misma. México debía industrializarse, avanzar, desarrollarse, crear capital".

EL PARADIGMA
PROPAGANDÍSTICO

Como vivimos en casa tiempos de propaganda e intolerancia, no está de más evocar en estos días al doctor Joseph Paul Goebbels quien, sin ninguna hipocresía, se atrevió por primera vez en la historia a dar a su oficina de comunicación social el nombre que verdaderamente le correspondía: Ministerio de Propaganda.

Goebbels dio en los años treinta a la mentira categoría de ciencia y arte. Se jactaba, no sin razón, de haber dado al vocablo *propaganda* una connotación positiva. Antes de él no había habido en el mundo ningún ministerio de propaganda y convenció a Hitler de que lo creara con estas palabras: "Alemania perdió la guerra de 1914-1918 por no haber hecho bastante propaganda".

Goebbels fue periodista y escritor, oficios que de no coronarse con la gloria intelectual resultan idóneos para las labores de desinformación. Nació en Rheydt, un pueblo de la Renania. Su padre había sido profesor de primaria o representante de una empresa holandesa de navegación por el Rhin. Su apellido, en lengua céltica, significa *potro dorado*. Desde la adolescencia, el padre de la propaganda moderna —no hay que olvidar que la radio se volvió medio masivo en la década de los treinta— sintió el llamado de las letras. Redactó periódicos manuscritos, cuya mordacidad contra los profesores le costó muy serios disgustos. Estudió filosofía en la Universidad de Heidelberg, bajo la dirección de un catedrático, Gunbold, que era judío. Goebbels también iba a ser profesor, pero, mientras tanto, cultivaba todos los géneros de la literatura y del periodismo. Escribió versos, que no querían publicar las revistas berlinesas, y artículos que los directores no terminaban de leer.

"Diminuto, la faz parda y escuálida, las manos como garras, un pie deforme envuelto en un zapato descomunal" —según lo retrata el estupendo redactor anónimo de una nota aparecida en la revista *Tiempo* que dirigía Martín Luis Guzmán en 1943 y de la que provienen la mayor parte de estos datos—, Goebbels escribió una novela, *Micael*, que no fue publicada porque los editores consideraron que su argumento era un plagio. Intentó, por otra parte, y en vano, que el dramaturgo Max Reinhardt, también judío, pusiera en escena sus comedias.

A los 27 años, en 1923, Goebbels consiguió la secretaría del Partido Nacionalsocialista Obrero, el futuro núcleo nazi, de Dusseldorf. Le daban 200 marcos diarios, que no era mucho dinero debido a la constante inflación. Un año después llegó a la redacción de un diario nazi de publicación casi secreta, el *Volkischer Freiheil*, y Paul Strasser, un boticario bávaro, corpulento y alpinista, que dirigía a la sazón la propaganda del partido, puso en sus manos una revista sin lectores, la *National Sozialische Briefe*.

El mismo Strasser recomendó a Goebbels para que colaborara con la jefatura del partido en Berlín. Al principio, rodeado de fornidos guardaespaldas, Goebbels hacía propaganda hablada en las cervecerías de los barrios populares, pero muy pronto se apoderó del periodismo nazi en la capital, arrebatándoselo a su protector Strasser. Ya por su cuenta, el padre de la propaganda moderna fundó un diario agresivo y procaz: *Der Angriff* (El ataque). Entre 1923 y 1933, resarciéndose de su "larga ineditez", dice el redactor anónimo de *Tiempo*, dio a la estampa una docena de volúmenes. En uno de ellos, *Del Hotel Kaiserhoff a la Cancillería*, cuenta toda la historia del nazismo hasta la asunción de Hitler.

Ya para entonces la muy bien aceitada maquinaria de propaganda de Goebbels andaba a toda marcha y había rendido estupendos frutos, pero, gracias a los recursos del erario público, su importancia se centuplicó. A finales de 1933 costaba al pueblo alemán 200 millones de marcos anuales y su presupuesto fue aumentado en 1941 a mil 200 millones de marcos.

Un ejército de funcionarios, redactores, experiodistas, fotógrafos, encuadrados en dos direcciones generales y 250 negocios, estaba a las órdenes de Goebbels, tan sólo en Berlín. El Ministerio de Propaganda ocupaba en la capital alemana tres grandes edificios emplazados cerca de la calzada de Charlotenburgo. Pronto se apoderó Goebbels del teatro y del cine alemanes, desplazando a propietarios y técnicos del antiguo régimen, aunque fueran ultranacionalistas y ministros de Hitler, como el multimillonario Hugenberg, dueño de una amplia red de periódicos y empresas cinematográficas.

En muchos aspectos el trabajo de Goebbels interfería en el de otros cabecillas nazis, capitanes de espías, como Hermann Esser, director del Departamento de Turismo.

La célebre Orquesta Sinfónica de Berlín, que durante los primeros años de la guerra había recorrido casi todos los países neutrales, recibía órdenes directas de Goebbels.

Los noticieros cinematográficos, especialmente las películas de guerra, como *Victoria en el Oeste*, se filmaron bajo la supervisión del taumaturgo de la propaganda nazi. Pero lo que en este asunto eran para Goebbels resonantes victorias políticas, "se transformaba por culpa de su donjuanismo faunesco, en contratiempos terribles: no había estrella de la que no intentase hacer barragana, y el empeño le valió más de una paliza". Futbolistas, boxeadores —a Max Schmeling, el marido de la lindísima Any Ondra, lo explotó hábilmente en el ring y, como paracaidista, en la batalla de Creta—, "ciclistas y andarines estaban también bajo la jurisdicción del maquiavélico enano", apunta el anónimo redactor.

En su ensayo sobre "El poder y la propaganda en la España de Felipe IV", que se incluye en *Rites of Power*, de Sean Wilentz (University of Pennsylvania Press; Filadelfia, 1985), J. H. Elliott escribe: *"More recent fashions in research, however, have introduced a new and not yet fully integrated element into this post-Second World War picture of the early modern state as a leviathan* manqué. *Contemporary fascination with the problems and possibilities of image making and ideological control has done much to inspire these fashions, and has helped to stimulate historical inquiry into attempts by those in authority to manipulate public opinion by means of ritual, ceremonial, and propaganda, whether in written, pictorial, or spoken form.*

"Contemporary interest in the development of images and symbols by those in power has undoubtedly added an important new dimension to our knowledge and understanding of early modern Europe."

Tanto en el sentido político como en el militar y el comercial, la información es una de las formas en que el poder se manifiesta y procura perseverar en su ser. Ya lo sabían los asesores de Napoleón y los espías del Tercer Reich. Ya lo han sabido desde hace muchos sexenios los gobernantes de México: se gobierna con los periódicos (aunque su tiraje sea mínimo: un poco más de 2 millones diariamente en toda la República), se consigue aparentemente la gobernabilidad a través de la radio y la televisión, se fabrica una "verdad", una "realidad", un "candidato presidencial" con los medios que en el caso mexicano más que de información son de gobernación. Es el valor de la propaganda (ya lo sabía Goebbels) que tanto sirve para imponer —desde un altavoz que aturde a todos los oyentes y dialogantes de la plaza— la versión de lo que aconteció el día anterior o para establecer una verdad electoral o "criminológica".

Si gobernar es aparentar, como decía Maquiavelo (el padre involuntario de la propaganda, antes que Goebbels), si algo práctico nos enseñan los signos más obvios del actual régimen (1994) en los últimos años es a descifrar una estrategia: la de ir minando poco a poco, gota a gota, día con día, a la oposición.

Lo que nos enseña el descarado despliegue propagandístico es a confirmar, pues, esa estrategia elemental del poder para preservarse a través de muchos instrumentos (de ser posible pacíficos e incruentos, aunque también considere los riesgos calculados de la fuerza intimidatoria) entre los que se encuentran no sólo la compra de votos sino también los medios de información y propaganda.

Ningún gobierno como el del actual sexenio (1988-1994) había puesto tanto interés en su aparato de propaganda e intimidación. Ningún régimen anterior había sido tan sensible a la convicción de que "gobernar es hacer creer", como postulaba, no sin humildad, el secretario florentino.

Dentro de una estrategia de sobrevivencia, a fin de mantener el poder a toda costa, el actual grupo gobernante ha *diseñado*, o *instrumentado*, o *aterrizado*, como suelen decir sus analistas intelectuales, una muy efectiva política de control de los medios que desde el punto de vista del interés presidencial ha tenido bastante éxito, y si la mayor parte de los mexicanos no lo reconoce, o no se ha dado cuenta del operativo, es porque sus *instrumentalizadores* son muy zorros. Muy astutos. Muy inteligentes. Tiran la piedra y esconden la mano. Todos lo hacen a escondidas.

Montan las cosas, a través de terceros, pero no las actúan.

"El gobierno de Salinas", escribió Luis Javier Garrido el 14 de agosto de 1992, "al hacer enormes erogaciones para promocionarse lo mismo en el país que en el exterior, confirma así el principio aplicable a todos los regímenes autoritarios: que quienes detentan el poder antidemocráticamente, a fin de poder gobernar, es decir para mantenerse en el poder y aplicar ciertas políticas, no pueden hacerlo sin el arma de la propaganda. No se trata por lo tanto *sólo* de una obsesión personal por fabricarse una imagen, sino de un requerimiento para ejercer el poder".

Este proyecto propagandístico, ya consumado, se ha visto en los monumentales gastos en la prensa extranjera (muchos millones de dólares) para propaganda presidencial, en mantener a cientos de periódicos que integran una prensa de Estado —abunda Luis Javier Garrido—, "la cual actúa esencialmente como propagandista del poder", y en "el abuso personal que hacen sistemáticamente los funcionarios públicos con fines políticos de autopromoción y para pagar propaganda de la dependencia a su cargo, directa o indirectamente, a través de gacetillas, anuncios, desplegados o esquelas".

Desde 1988, más que antes, la Dirección de esta hazaña de las relaciones públicas ha logrado aglutinar en un solo equipo, en un solo ejército de informadores y deformadores, a medios pertenecientes tanto a la nación como a la iniciativa privada: tanto el periódico *El Nacional* como *Unomásuno*, tanto *Excélsior*, *Novedades*, *El Heraldo*, *El Día*, y la agencia Notimex, como los noticieros (*24 Horas, Eco*) de Televisa, del Canal 11, de Televisión Azteca y de Multivisión, se coordinan como una sola voz, o más bien: son coordinados como un solo agente de la desinformación que no excluye la calumnia ni la difamación. Este Complejo Propagandístico Gubernamental funciona ahora con una maquinaria tan bien aceitada como en 1988 y seguramente se perfeccionará en lo que resta del siglo.

Sin embargo, no hay que asombrarse tanto de los quehaceres —no siempre éticos, no siempre legales— de un poder que quiere perpetuarse y se siente amenazado. La propaganda, con otros nombres, ha existido prácticamente desde siempre, desde la Edad Media, desde los tiempos de Luis XIV y más tarde con Napoleón, en Francia, disimulada en lo que los militares llaman "guerra psicológica".

La *Congretatio de Propaganda Fide*, de la que deriva la palabra, fue un organismo de la Iglesia católica para propagar la fe y combatir la acción de la Reforma. De 1592 a 1585, al papa Gregorio XIII reunió en esa congregación a tres cardenales para estudiar los medios más eficaces de hacer frente al protestantismo, pero en 1622, con la bula *Incrustabili divine*, Clemente VIII instituyó la congregación de *Propaganda Fide* como un órgano permanente.

Maquiavelo no dedicó un capítulo especial a la propaganda, pero es evidente que está implícita a lo largo de toda su obra y que su teoría bien puede resumirse en la presunción de que "gobernar es hacer creer", lo cual lo vuelve *avant la lettre* (y antes que Goebbels) el primer teórico de la propaganda en la historia.

Todo está en Maquiavelo, sabiéndolo leer: por ejemplo esta explicación suya en la teoría del "aparentar": el Príncipe puede ser infiel a sus compromisos, pero debe *parecer* fiel. No es necesario que un príncipe posea todas las cualidades, pero es muy necesario que *parezca* tenerlas, "pues los hombres en general juzgan más por los ojos que por las manos, ya que a todos es dado ver, pero palpar a pocos: cada uno ve lo que pareces, pero pocos palpan lo que eres y estos pocos no se atreven a enfrentarse a la opinión de muchos, que tienen además la autoridad del Estado para defenderlos".

Tal vez la única carta que le queda para sobrevivir al actual grupo gobernante —un conjunto de patriotas, como los siete samurais, que han tomado al país por asalto, para salvarlo, dicen— sea la propaganda. Y es una buena apuesta. La propaganda es un buen caballo de carreras. Efectivamente, se puede ganar con ella, pero lo cierto es que las sociedades, a la hora de la hora, son imprevisibles. Si hay sociedad civil la propaganda puede pasar, pero también: podría no pasar. Bastaría el freno ciudadano.

Por todo ello desde un innombrable Ministerio de Propaganda se orquestan las líneas editoriales e informativas de la mayor parte de los periódicos y canales de televisión, sean públicos (del Estado) o privados. Para los fines del efecto propagandístico tanto medios particulares como de la nación actúan como un solo ejército, en defensa de la clase gobernante.

La propaganda quiere controlar el futuro inmediato y, si es posible, a largo plazo, pero los pueblos son cajas de sopresas, y la conciencia ciudadana puede neutralizar sus efectos.

El tema de nuestro tiempo es la propaganda, como nunca antes lo había sido, particularmente en México. No casualmente el hombre más rico del país, Emilio Azcárraga, es un propagandista (imprescindible para la casta en el poder). La globalización de los sistemas de comunicación por medio de satélites no había sido antes tan opresiva como lo es ahora.

Ciertamente lo que cuenta de los medios es su utilización, independientemente de su avanzada teconología, pero así como en los años 30 entró la radio en los hogares de manera masiva (en Alemania, curiosamente, paralelamente al nazismo) ahora, a finales del siglo, también es el uso propagandístico de los medios audiovisuales e impresos lo que los ha pervertido: durante las 24 horas del día los contemporáneos de la última década del siglo xx reciben cantidades inconmensurables de propaganda disimulada como información o "periodismo".

Lo que importa de la propaganda es la repetición, el efecto de conjunto. Sus operadores tienen que hacer el mayor ruido posible y el mayor número de veces para acallar los puntos de vista discordantes. No importa lo que diga éste o aquel escritor en un periódico, en una revista. (Vale más, en términos propagandísticos, un minuto de Jacobo Zabludovsky que, por ejemplo, un artículo crítico de Lorenzo Meyer.) La verdad que prevalece es la que promueve el aparato propagandístico del gobierno: la verdad del poder. El trabajo del Ministerio de Propaganda consiste en ir construyendo el presente histórico. El pasado se lo deja a los historiadores del régimen.

Una sociedad electronizada es así mucho más gobernable y manipulable que una sociedad alfabetizada. La masa razona menos si no lee. Por ello la propaganda es más eficaz a través de los medios electrónicos, promotores de una suerte de analfabetismo regresivo que aleja al público de la cultura gráfica. "Analfabetismo di ritorno" llaman al fenómeno los italianos y con esa expresión quieren definir la tendencia de los *mass-media* que, a través de la radio, la televisión, el cine, el video, difunden una cultura oral y visual que propician en la población el alejamiento de la palabra escrita.

En el caso que padecemos cotidianamente, pero sobre todo en épocas de fraude electoral, una posición optimista podría ser la de Carlos Monsiváis en su artículo sobre el vacío informativo que se le hizo al Exodo por la Democracia, la marcha que venía a la Capital (en 1991) de Tabasco: "Para institucionalizar y normalizar el pensamiento y el sentimiento democráticos hace falta regular de manera pública la intervención gubernamental, clarificar al máximo anuncios y subsidios, abrir la televisión al debate público, crear las presiones ciudadanas que en algo o en mucho disminuyen el monopolio informativo".

Lo único que puede conjurar el efecto degradante de la propaganda, cuya madre es la mentira, es la barrera ciudadana: la verdad en los medios que, tarde o temprano, se abre paso. La verdad no puede sino prevalecer, porque por sí misma enseña, según decía Torcuato Tasso en *La Jerusalén libertada*.

DE CAVAVERUM CREMATIONE

> El crimen y las llamas asolaban los diarios,
> el país y los espíritus, a los que nada
> interesaba tanto. Si al crimen no sucedía
> algún incendio, el placer era incompleto.
>
> Elías Canetti, *Auto de fe*

Los zorros nos gobiernan. Son muy astutos. Difícilmente podría uno imaginar de lo que son capaces de hacer para que no nos demos cuenta de un acontecimiento. Son muy listos. Son muy zorros.

Por eso nos pasó de noche el día en que en un horno crematorio del Departamento del Distrito Federal, el jueves 26 de diciembre de 1991, se incineraron los votos de 1988. Fue como quemar el cuerpo del delito, que en el caso del asesinato podría ser el arma homicida, pero menos metafórico sería decir que fue como achicharrar el cadáver. ¿Por qué? ¿Por qué no nos dimos cuenta?

Porque así hacen las cosas los zorros: a veces a escondidas, a veces con un gran escándalo. Todo depende de que pongan a funcionar o no el Complejo Propagandístico Gubernamental. Son muy inteligentes.

Precavido, muy brillante (estudió en El Colegio de México), Manuel Camacho ya se había negado en agosto de 1988 a que se abrieran los paquetes de las

133

elecciones presidenciales de ese año. Ahora, ahíto de legitimidad, se limitó a facilitar con un horno infalible la cremación de la voluntad ciudadana.

A Sergio Sarmiento no le pareció tan talentosa la jugada: "Si quienes ahora están tomando la decisión piensan que ésta garantizará que la historia olvide las dudas surgidas en torno al proceso electoral de 1988, cometen un grave error. Por el contrario, la destrucción de esta documentación asegurará que la historia registre finalmente como un hecho establecido el presunto fraude electoral de 1988, y que quienes están tomando ahora la decisión se vean simplemente confinados a un papel similar al que, con el paso del tiempo, los historiadores le han reservado a otros quemadores de libros y de documentación histórica".

Los relámpagos de agosto de 1988 no ablandaron la cara dura de Manuel Bartlett ni el marmóreo y cenizo rostro de Fernando Elías Calles, quienes, al alimón, luego de "caído" el sistema (de cómputo), iban inventando cifras a las cinco de la madrugada. Ganaban con ello su sobrevivencia en la nómina, sin que ningún mexicano se percatara de la maniobra. ¿Por qué? Porque son muy listos. Son unos zorros. Muy astutos.

El par de alquimistas no sólo confesó el desvanecimiento del sistema el 6 de julio de 1988; también participó en el ocultamiento del 45 por ciento de las actas electorales y de la documentación de mil 434 casillas zapato (cien por ciento de los votos para el PRI) junto con las 432 casillas, donde, según los resultados, los votantes cumplieron su obligación ciudadana en 36 segundos cada uno en promedio.

Los eficientísimos zorros del Complejo Propagandístico Gubernamental consiguieron, en efecto, al día siguiente del 26 de diciembre de 1991, que ningún periódico o canal de televisión (estatales o privados se disciplinan ante una orden del CPG) informara sobre la quema de los paquetes electorales.

Sólo en *La Afición* del viernes 27 de diciembre de 1991, Daniel Robles Luna logró colar en su nota informativa que "la Cámara de Diputados terminó ayer la incineración en un horno crematorio del Departamento del DF de los paquetes de la elección federal de 1988". Se quemaron en total 10 toneladas de la documentación electoral que ocupaban en el Palacio Legislativo 6 mil metros cuadrados. El notario público 129 dio fe de la cremación. ¿Cómo se llama este notario? No les fue concedido a los ciudadanos saberlo, pero se puede investigar.

Al abundar en el "compromiso histórico" que hermana ahora al PAN con el PRI —para empezar a compartir el poder—, Luis Javier Garrido escribió: "El caso más patético y significativo de este apoyo de la directiva del PAN al gobierno lo ha constituido ahora el respaldar la propuesta priísta de incinerar los paquetes electorales de 1988 con el argumento de que nada significaban (20 de diciembre de 1991). Con esta decisión el PAN dio un viraje de 180 grados a lo que fue su postura democrática en 1988, y no sólo avaló la consumación última del fraude y la destrucción de evidencias necesarias para la investigación científica: se situó en la línea del salinismo de reescribir la historia".

Julieta González Irrigoyen, por su parte, no fue la única mexicana indignada por la operación de los zorros. No se aguantó el coraje y publicó una carta: "Las reformas y reformitas a la traqueteada Constitución sirvieron para disimular los verdaderos propósitos —que nunca fueron de enmienda ni mucho menos— de los priístas: desaparecer en el incinerador los paquetes electorales, que reposaban cifras reveladoras. Eran el cuerpo del delito y una vez chamuscados los restos del cadáver de la democracia pregonada en el discurso de 1988 todos recordamos con nostalgia los humos y las cenizas de esa tatema...".

"...se trata de desaparecer memoria y testimonio de hechos concretos; allí no hay (¿había?) abstracciones

135

ni supuestos viscerales; en los paquetes electorales permanecían impresas cifras, evidencias de una realidad que laceró el espíritu cívico de una ciudadanía que a pesar de los golpes de miseria e impotencia se decidió a elegir por la vía pacífica a sus gobernantes".

Dijo lo suyo también Néstor de Buen: "...sólo el planteamiento de la posibilidad de destruir los paquetes electorales ha renovado todas las dudas, más que fundadas, acerca de la legitimidad".

Más allá del cuerpo del delito quiso ir José Antonio Crespo al razonar que ahora "no es sólo la oposición la que habla del fraude de 1988, sino también el gobierno, con su decisión sobre la paquetería electoral. Su quema es el más claro reconocimiento de ese fraude".

Para la inmolación de la memoria documental y colectiva se eligió calculadamente una semana de dispersión y vacaciones: días de laxitud y desatención civil como los que van del 25 al 31 de diciembre, ideales para las operaciones furtivas, perfectos para hacer cualquier cosa —como los ladrones— sin llamar la atención o actuar de manera vergonzante. En silencio. En secreto. Sin prensa. Sin propaganda.

"Quienes ahora han promovido o respaldado la decisión quedarán históricamente en la fina compañía de los ideólogos nazis y de los miembros de la Inquisición. Y éste es, para cualquier individuo consciente de la historia, un peso muy grande para llevar sobre las espaldas", lamentó Sergio Sarmiento.

Pero, en fin, Sergio, ya que no podemos cambiar la historia, como decía James Joyce, cambiemos de tema.

CRIMEN Y PODER

De niños siempre se nos dijo que era malo matar. Crecimos y ese precepto moral o religioso nos seguía pareciendo irrebatible. Al cabo de los años, tal vez en los momentos en los que se llega a lo que solía llamarse la "edad de la razón", se nos informa con hechos que se vale matar, siempre y cuando se tenga —se ejerza— el poder.

La institución, pues, exime de responsabilidad al gobernante. El estadista que tiene que matar para preservar el poder no padece sentimientos de culpa ni se contrae ante los aguijonazos de una mala conciencia porque antes de asumir el poder debió, en lo más íntimo de su conciencia, resolver la siguiente pregunta: ¿soy capaz de matar? La suya es como la decisión del militar: no es deleznable privar de la vida a nadie si se viste el uniforme de la Patria; tampoco es un crimen si se mata en lucha abierta, en "buena ley", en el campo de batalla según los patrones de la guerra clásica. La misma Iglesia católica, en la mejor formalidad canónica, justifica la privación de la vida (como la pena de muerte, por ejemplo: ¿no se cruzó de brazos Paulo VI ante el inmimente sacrificio de Aldo Moro?) según ciertas circunstancias y en relación a determinadas necesidades.

Ninguna de estas contingencias está disociada del poder.

La institucionalidad hace posible, entonces, la existencia del Estado impune. Se vale matar si se tiene el poder político (lo cual es como decir poder poderoso, vida vital, economía económica, nieve blanca, sangre roja) y si es necesario —casi siempre lo es— conservarlo. Esto ha sido desgraciada, trágicamente cierto desde la época de Julio César hasta la de Napoleón o la de Truman o la de Álvaro Obregón y Calles o la de los militares que en su profesión llevan la penitencia de mancharse las manos de sangre.

Por tanto, por mucho que se diga que el poder es una estrategia, un efecto de conjunto, algo que está en juego en todo momento, no hay que perder contacto con sus formas más elementales de ejercicio. El poder es, siempre, en última instancia, poder de matar. Parecería el más elaborado, el más sutil uso del poder el que permea las conexiones entre su instancia constituída, formal, y la que en la práctica, de hecho, tiene su vigencia socialmente. Sería el uso político de la delincuencia, según la expresión de Claude Ambroise, por parte del gobierno, como se hace palpable en las novelas de Jim Thompson, en los ensayos de H.M. Enzensberger, E.J. Hobsbawn o Henner Hesss.

Un conflicto más teórico que moral —o más moral que teórico— es el que concierne a la impunidad intrínseca del Estado. Si es malo matar, si es punible privar de la vida a un semejante, ¿por qué el crimen de Estado no merece castigo? Dostoievski no encontraba diferencia alguna entre firmar una sentencia de muerte, desde la distancia impersonal y apoltronada de un escritorio, estallarle las vísceras en los sótanos a un enemigo del Estado, o matar personalmente a un hombre a hachazos.

Tanto la utilización política del hampa como la formación de poderes punitivos, vengativos y políticos, reclaman la atención del ensayista alemán Henner Hess en su libro *Mafia y crimen represivo* (Akal

Editor; Madrid, 1976): allí salva los convencionalismos más rancios de la criminología tradicional para recorrer con ojos nuevos lo que la sociedad ha producido en el campo de la lucha cotidiana por el poder y a través del poder.

La mafia es un sistema de gobierno informal, secreto, dentro del Estado, y su tolerada coexistencia, su complicidad, da cohesión a toda la estructura de poder o aceita sus mecanismos. Es una cultura: un intercambio fluído de favores. Por ello en Henner Hess el crimen represivo quiere designar justamente a esos crímenes que se cometen para la preservación, el fortalecimiento o la defensa de posiciones privilegiadas, en particular las de propiedad y poder.

Hess expone como una forma clásica de crimen represivo el de la mafia siciliana que se desarrolla en un cuadro cultural, antropológico e histórico, muy especial, y cuyas formas de operación, estilos y mecanismos de poder, se han extendido a muchas otras instancias de organización social tanto en la política como en los negocios y en las relaciones culturales y profesionales. El clientelismo propio de la organización mafiosa en la región occidental de Sicilia, es decir, de Palermo a Trapani, al oeste de la isla, o hacia el sur, hacia Agrigento, encuentra sus correspondencias en muchas de nuestras prácticas artísticas, políticas, académicas. Es decir, en todas las relaciones en las que se trafican favores, en todos los mercados en los que cotidianamente se dé al poder un valor de uso y un valor de cambio. En el equilibrio que requiere la gobernabilidad, los poderes —el presidencial, el militar, el financiero— se extorsionan unos a otros.

Lo que de hecho existe en la práctica del poder informal, extraestatal, es un modo de ser mafioso: originalmente en Sicilia; hoy en día, en casi todo el mundo. Tiende a confundirse la acción legal del Estado, monopolizador del poder represivo, con la actuación de los grupos dispersos y tolerados, como la mafia o el cacicazgo, que llenan los vacíos de poder estatal en ciertas regiones.

Así, la acentuada contraposición entre agrupaciones por un lado e instancias estatales por el otro sirve de criterio fundamental a Henner Hess: hoy se sigue hablando de Estado como si se tratase de una entidad abstracta, pero todo Estado tiene un determinado contenido de clase: la maquinaria del Estado tiene que emplearse, pues, en interés de una clase determinada. Y en donde este aparato estatal resulta demasiado débil como instrumento de dominio, o donde existen contradicciones dentro de la clase dominante —o donde el poder represivo del Estado no llega—, una parte de esa clase dominante puede apoyarse asimismo en medios de poder extralegales, ilegales desde el punto de vista jurídico, como por ejemplo las *cosche* (alcachofas) mafiosas.

En sus *Crónicas mafiosas*, Joan Queralt razona que "la mafia ha sido gubernamental de la misma forma que los gobiernos han contribuido a su afirmación como fuerza social en juego. Mafia y poder se han combatido —en una batalla muchas veces más formal que real— para unirse en aquellas otras ocasiones en que sus intereses aparecían vinculados a un proyecto o ambición comunes. Es por ello que, a diferencia de cierto terrorismo externo al sistema de poder, el fenómeno de la mafia de nuestros días debe verse como parte integrante del mismo poder. Un fenómeno interno producto del sistema y, en especial, de su degeneración".

LA CULTURA DE LA
PREFABRICACIÓN

Ciertamente el poder engendra realidad, manipulándola y sistematizándola, pero también produce fantasías: la ficción, la inventiva, la mentira del poder.

La asociación entre novela y política no es nueva. Lo habitual, sin embargo, es que esta reunión conceptual sugiere el tema de la política en la novela o la relación que podría guardar el escritor con la política. Para otros lo que interesa de la cópula novela-política es más bien algo que tienen en común ambas: su capacidad de invención.

Si la novela es creadora de mundo ficticios, que nunca excederán la dimensión humana, el poder también es fabricante de ficciones. Hay una suerte de circularidad entre la literatura y la vida: dos planos en los que la realidad se convierte en ficción y la ficción en realidad. En el fondo se trata de un antiguo problema: el de la verdad y la mentira, el de la falsedad y la verosimilitud (o credibilidad).

Hay una esfera de la realidad, en la vida de todos los días, en que las cosas se confunden o mimetizan unas entre otras. No se sabe muy bien lo que es una invención o un hecho.

En cierto modo los protagonistas del poder —un procurador de justicia, un policía, un jefe de prensa, un secretario de Estado, un gobernador, un madrina— van construyendo una ficción cuando sueltan o retienen datos a la opinión pública. Ofrecen verdades a medias. Regalan mentiras completas. Cuando mucho su generosidad llega a mostrar una parte de la verdad. Ya lo había sospechado Leonardo Sciascia: "Para quien esté provisto de imaginación, el poder ha adquirido una cualidad fantástica; es realidad que se ha convertido en ficción".

Los problemas, pues, para el ocultamiento de la verdad, o para su disfraz, desde el punto de vista de un representante del Estado, son muy semejantes a los de un dramaturgo, un cineasta, un novelista, o cualesquiera otros manipuladores profesionales de la realidad. Se trata de volverla verosímil.

Los novelistas dan versiones acerca de las cosas y las personas. Desde su punto de vista, escriben una visión del mundo y de la época que les tocó vivir. Así también, como si fuera un novelista de misterio o un dramaturgo, el Poder trabaja de enigma en enigma y ofrece sus soluciones: la verdad del poder. En 1968 el Poder novelizó a través de la prensa los acontecimientos del 2 de octubre y estatuyó su verdad de los hechos. En cierto modo Gustavo Díaz Ordaz escribió una mala novela sobre la masacre, pero nadie creyó en su versión y todo mundo dedujo, como en aquella obra de Agatha Christie, que el narrador era el asesino.

No fue menos autor de la novela del 10 de junio de 1971 Luis Echeverría, quien en algún momento de su juventud —según recordaba Pepe Alvarado— tuvo inclinaciones literarias. Gran distorsionador de la realidad, talentoso para el disimulo en la misma medida en que alguien es genial para el ajedrez, Luis Echeverría —a quien exculpó Carlos Fuentes— escribió una novela sobre la matanza de los Halcones. Creó personajes: las "fuerzas oscuras". Imaginó una trama: "un conflicto entre estudiantes". Y redactó una ficción que confió a un propagandista político de la televisión: "Definitivamente, Jacobo, vamos a investigar, y los culpables serán castigados".

Con esto se aspira a hacer ver que los usufructuarios del poder son creadores de "realidad", que muchas veces la "verdad" es como ellos quieren que sea. Véanse los constantes boletines de prensa descalificadores de la Dirección de Comunicación Social de la Presidencia de la República. No es otra la función de un Ministerio de Propaganda. De ahí el carácter mágico de la política. De ahí la necesidad de un Complejo Propagandístico Gubernamental a través de la radio, la televisión y la prensa escrita. Mientras mantienen el poder, sus beneficiarios se comportan como historiadores de lo inmediato, irrebatibles. Su narcisismo no les permite tolerar la mínima disidencia. Los medios de gobernación se ponen al servicio de su "verdad" y reproducen su versión de los hechos. Durante décadas nadie se atrevió a cuestionar la "verdad" de Plutarco Elías Calles y Álvaro Obregón sobre el asesinato del general Francisco Serrano y sus acompañantes en Huitzilac, Morelos, el 3 de octubre de 1927. Sólo una novela, *La sombra del caudillo*, de Martín Luis Guzmán, supo preservar para la literatura —mediante una ficción paralela— el papel de decir la verdad.

Tarde o temprano, sin embargo, la verdad del poder se desvanece. Se tritura con el paso del tiempo. Mientras prevalece, en la medida en que sus autores detentan el poder, hay que saberla leer. El lenguaje y los actos del poder son como criptogramas, como palabras y frases que hay que saber ir descifrando. Los silencios también son signos como las elipsis y las omisiones de los novelistas: son como signos de puntuación. Es la novela del poder.

El caso Buendía está todo en los periódicos. Bastaría saberlos leer. Sobre todo en los diarios de los primeros días de junio de 1984. Las palabras y los hechos se desplazan como peces en una pecera. En las primerísimas crónicas, como la de Raymundo Riva Palacio en *Excélsior*, ya estaba la novela policiaca de Manuel Buendía. Sólo que había que saberla leer. Seguramente, como en el caso de Francisco Serrano asesinado en Huitzilac, tendremos que esperar 50 años para conocer la verdad.

Sin embargo, el caso Buendía fue teniendo innumerables autores: Victoria Adato, Paz Horta, Renato Sales Gasque, Zorrilla Pérez, Jesús Miyazawa, y finalmente el subprocurador especial Miguel Ángel García Domínguez y algunos acusados, como Rafael Moro Ávila. Y es que del poliedro del caso Buendía sólo se permitió ver algunas de sus caras: las que buenamente concedió el fiscal especial en su último informe: un conjunto de verdades parciales que sólo sirvieron para dar más fuerza a la ficción y enriquecer el universo de dudas.

Pero sin duda alguna la práctica de la invención se ejerce con mayor libertad creativa en los casos prefabricados, es decir, cuando se resuelven crímenes prefabricando culpables.

"Los resultados en la resolución son espectaculares por la rapidez y aparente eficacia, pero de desastrosas consecuencias si de seguridad pública se trata. Con cualquier ciudadano se puede fabricar a un culpable, ni siquiera se necesita que tenga antecedentes penales, no hay apelación que valga cuando el mecanismo ha sido puesto en marcha: policías, ministerios públicos, jueces, magistrados y ministros condenan sin clemencia y se convierten también en criminales, ya que un crimen es acusar, juzgar y sentenciar a un inocente. Cada crimen resuelto fabricando un culpable tiene por lo menos dos delincuentes sueltos: quien lo cometió y quien lo fabricó, aunque éste haya sido premiado por la prontitud en la aparente solución", ha escrito María Teresa Jardí.

"Decir que las cárceles están llenas de gente inocente no es exagerar en absoluto. Varios crímenes famosos cometidos en los últimos años así se han resuelto. Familias enteras destrozadas, en la miseria, tocando una y otra puerta, que siempre se cierra, mendigando una justicia que debieran poder exigir porque ningún funcionario quiere aceptar que el otro lo hizo mal, a pesar de que se conviertan en cómplices de la impunidad más vergonzosa: aquélla que emana del poder violando una garantía de importancia vital en cualquier democracia de seguridad jurídica."

Vivimos, pues, en un país en el que no sólo se ve con naturalidad el ejercicio cotidiano de la tortura y el gobierno de las policías sino en el que, además, predomina la cultura de la prefabricación. Todos los días se le monta un delito a alguien. Se le inventan cargos (como en los años dorados de la Inquisición). Se colocan indicios para poder acusarlo. Se prefabrica, con gran imaginación escenográfica, el cuerpo del delito.

Y las elecciones, por lo demás, no son otra cosa que prefabricación. Tanto como la Presidencia misma de la República.

UNIDOS PARA PROGRESAR

Let me tell you about the very rich.
They are different from you and me.

F. Scott Fitzgerald.

La discreción o el secreto de los ricos mexicanos no ha hecho fácil la tarea de estudiarlos como grupo de poder desde el punto de vista político ni desde la perspectiva de la antropología social.

¿Quiénes son realmente los dueños del país? ¿Hay una diferencia sustancial entre los políticos y los empresarios en relación a su riqueza acumulada? ¿Quién es el hombre más rico de México: Emilio Azcárraga o Carlos Slim o Hank González, Miguel Alemán o Eugenio Garza Lagüera? ¿Son iguales los ricos capitalinos que los regiomontanos?

¿Realmente Raymundo Gómez Flores se benefició, más que Carlos Slim, del sexenio salinista? ¿Los ricos del DF siguen siendo afrancesados, como en el pasado reciente, porfirista y reincidente, o ahora están más bien norteamericanizados, ya que a la menor provocación presumen de su inglés y no ocultan que ignoran el francés?

¿Qué tan ricos son los ricos mexicanos?

¿Son muy ricos? ¿Tanto como los ricos de Houston o como algunos árabes? ¿Cuál ha sido su relación

147

de complicidad —su solidaridad de clase— con los presidentes de la República? El 23 de febrero de 1993 entre 25 y 30 de esos multimillonarios asistieron a una cena en casa de Antonio Ortiz Mena en la que éste, en presencia del Presidente de la República, les pidió que contribuyeran con 25 millones de dólares cada uno para el financiamiento del PRI.

Entre las 200 fortunas más grandes del mundo en 1988, según la revista francesa *l'Expansion* se contaban por lo menos cinco mexicanos: Eugenio Garza Lagüera, Bernardo Garza Sada, Emilio Azcárraga Milmo, Alberto Bailleres y Mario Vázquez Raña.

Aún más, la revista *Forbes* (julio de 1993) cita a 13 prominentes hombres de negocios mexicanos entre los hombres más ricos del mundo. Emilio Azcárraga aparece como el más importante de México y se le atribuye una fortuna de 5 mil 100 millones de dólares. Carlos Slim figura con 3 mil 700 millones, mientras Bernardo Garza Sada y Eugenio Garza Lagüera son propietarios de más de 2 mil millones de dólares.

Otros afortunados que andan arriba de los mil millones de dólares y que enlista *Forbes* responden a los nombres de Marcelo Zambrano, Angel Lozada Gómez, Jerónimo Arango, Pablo Aramburozavala, familia Servitje Sendra, Alfonso Romo Garza, Alberto Bailleres, y otros.

"Una política neoliberal sin competencia política o económica, donde el Estado protege a los grandes monopolios —sean estos el PRI, Televisa o Telmex—, da por resultado una inequidad monstruosa. Produce fortunas familiares o personales de 3,700 o 2,900 millones de dólares, en un país donde el 46.8 por ciento de los hogares tienen ingresos que no son superiores a tres salarios mínimos, y donde el ingreso per cápita apenas llega a 3,500 dólares anuales", escribió Lorenzo Meyer el 24 de junio de 1993.

Pero la verdad es que ha sido muy difícil identificar las riquezas individuales de México que más que ostentarse se ocultan, como si fueran mal habidas. No existe aún un *Quién es quién* en el mundo de las inconmensurables fortunas mexicanas ni se ha editado en México un libro como *The rich and the very rich*, en parte porque —aunque reservado para ciertos casos de inquisición judicial— aún existe el secreto bancario y porque los ricos mexicanos han sido muy astutos para disimular sus bienes y sus cuentas, que se distribuyen entre diversos nombres de familiares o socios. Admiran mucho a los norteamericanos, les copian muchas cosas, pero no sus virtudes: la práctica, por ejemplo, de manejar abiertamente —es decir: legalmente— la cuantía de sus acumulaciones individuales.

Sin embargo, el periodista investigador o el estudiante de antropología que prepara una tesis sobre los ricos mexicanos muy bien puede ir rastreando la identidad de estos tesoreros. Su método podría ser el del análisis y procesamiento de la información (todo está en los periódicos, sabiéndolos leer): recortes de prensa, revistas de negocios o financieras e incluso de modas. *Vogue* ha dedicado una sección a "hombres destacados", como Lorenzo Servitje (pan Bimbo) o Moisés Cosío. *Town & Country* de vez en cuando se ha fijado en los milmillonarios (en dólares) mexicanos para recrear sus páginas. Recuérdese el famoso número de 1980 que tenía en la portada a Mónica Alemán Martell. O revísese su entrega de octubre de 1985 donde aparece el joven Jesús Almada Elías Calles vestido de cazador, con camisa de camouflage, una escopeta Beretta, un jaguar de dos años y su helicóptero matrícula XC-MAZ en Mazatlán, el reino de los Coppel y los Toledo Corro.

Otras fuentes valiosísimas son la nómina de quienes integran el Consejo Mexicano de Hombres de Negocios o el recientemente aparecido, publicado por el Fondo de Cultura Económica, libro de Roderic A. Camp: *Los empresarios y la política en México: una visión contemporánea.* El periodista investigador o el futuro antropólogo social podrían meter en una computadora todos los nombres y apellidos que allí se citan (Vallina, Madero Bracho, Legorreta, Espinoza Yglesias, Slim, Sada Zambrano, Borja, Claudio X. González, Jorge Larrea, Sánchez Navarro, Hank, Reynaud, Arango, Bailleres, Aranguren Castiello, Garza Sada o Garza Lagüera, Cosío, O'Farril, Santamarina, De la Macorra, Ballesteros, Prudencio López, Robinson Bours, Trouyet, Aguilar, y no muchos más) y llegar a establecer fehacientemente quiénes son los cien mexicanos más ricos en este final de siglo.

Por el lado de la informática, pues, es como podría arrancárseles las máscaras a estos milmillonarios en dólares que en México han provocado —con la solidaridad del PRI— que los beneficios de la actividad colectiva —según lo ha escrito mil veces Lorenzo Meyer— estén tan escandalosamente concentrados. Sin embargo, una indagación más interesante sería la que dilucidara cuáles son las entretelas, el tejido de relaciones que se tienden entre funcionarios públicos —secretarios y subsecretarios de Estado, cuando menos— y estos afortunados acumuladores... en la compra y venta de empresas paraestatales, *verbigratia.*

No es necesario ser marxista para darse cuenta de que la verdadera solidaridad de clase se da entre los políticos priístas y los más poderosos multimillonarios mexicanos. No casualmente, el hombre más rico de México, Emilio Azcárraga, es un propagandista, y en la propaganda el grupo gobernante cifra su sobrevivencia en el poder. Junto a sus incuantificables negocios, al lado de las relaciones de poder que constituyen su única lógica, el Programa de Solidaridad (1992) no sólo era una hipocresía: también era una burla de la peor fe.

Lo único que cuenta son las relaciones de poder. No las ideas. Por eso los ricos mexicanos están con el

PRI y los funcionarios públicos están con los ricos, de tal manera que la novedad de esta segunda presidencia panista (la primera fue la de Miguel de la Madrid, reléanse los estatutos del PAN y el programa de Clouthier) ha sido la de desvanecer para siempre las fronteras entre el llamado antes "sector privado" y el que, por pudor, aún guardaba las formas llamándose "sector público".

Quien lo previó con total clarividencia desde 1976 fue el norteamericano, especialista en "proyectos nacionales", Russell L. Ackoff, con estas palabras:

"Para afianzarse, los ricos dentro y fuera del gobierno suelen emplear la retórica del cambio y aun de la revolución, pero sus obras contradicen sus declaraciones. Hay una gran sutileza en el hecho de que los ricos de México se las ingenien para mantener la estabilidad del sistema actual y su desigual distribución de la riqueza y las oportunidades.

"Consiguen su propósito dividiéndose en dos campos aparentemente opuestos: el sector público y el privado; ambos se engarzan en un conflicto tan notorio como consciente. Sin embargo, inadvertida o deliberadamente, forman una coalición que obstaculiza cualquier cambio que pudiera mejorar la distribución de la riqueza o de las oportunidades. De ser consciente es posible que esta coalición fuera menos efectiva."

Post scriptum. El 5 de julio de 1994 se reprodujo en la prensa mexicana una información de la revista *Forbes*, en la que se asentaba que México ocupó el cuarto sitio con más multimillonarios, después de Estados Unidos, Alemania y Japón.

"De 42 supermillonarios registrados en América Latina, hay 24 mexicanos, encabezados por Carlos Slim Helú (6 mil 600 millones de dólares), Emilio Azcárraga (5 mil 400 millones) y la familia Zambrano (3 mil 100 millones de dólares), cuya fortuna en conjunto es equivalente al presupuesto del Programa Nacional de Solidaridad (Pronasol) de los últimos cuatro años del sexenio.

"En las primeras 25 mayores fortunas del mundo, por riqueza neta, figuran Carlos Slim en el lugar 12 y Emilio Azcárraga en el 24."

PUNTOS CIEGOS

No puede uno escotomizar ciertas zonas de la realidad nacional para luego campantemente deducir que todo, en la era del actual Presidente Constitucional de los Estados Unidos Mexicanos, está muy bien. Es como si de un archipiélago borráramos las islas desagradables: la isla de la tortura, la isla de la propaganda, la isla del fraude perfecto, la isla de la prefabricación en todos los órdenes —especialmente el judicial y el electoral—, la isla de la soberbia para imponer —por la fuerza— a gobernadores, senadores y diputados y, sobre todo, a un sucesor en la Presidencia.

***

La razón de Estado: la razón de Presidente o del "Estado presidencial".

***

Como gremio, muy pocas veces se han manifestado los escritores, en grupo, en un solo bloque. Posiblemente el actuar como gremio no corresponda al modo de ser natural de los intelectuales mexicanos, sobre todo porque no es muy cierta su existencia como gremio o corporación. (Cualquier ciudadano pensante y crítico es un intelectual.) Sólo una vez, que se tenga memoria, se pronunciaron: cuando fue encarcelado *La Quina*. Fernando Gamboa leyó en el noticiero de JZ24 que todos los intelectuales estaban muy contentos con la medida: leyó el mismo texto que apareció al día siguiente en todos los periódicos en desplegados pagados por el gobierno, que también había convocado a la firma del *pronunciamiento*.

Pero como gremio los escritores habían guardado silencio —seis meses antes— ante unas elecciones presidenciales tan fraudulentas como las de Pascual Ortíz Rubio, Manuel Ávila Camacho y Adolfo Ruiz Cortines. Como gremio, en conjunto, en bola, los intelectuales no nos hemos enterado de que vivimos en uno de los países del mundo —los Estados Unidos Mexicanos, llamado así extraña y oficialmente— en que más se tortura y en el que, en el correr de una década, desaparecieron por lo menos más de 500 mexicanos. Como gremio, hemos callado ante la tortura y la desaparición de personas. Antes de 1962, unos 120 intelectuales franceses —con riesgo de su propia vida, en los años de la OAS— firmaron una protesta contra la tortura en Argelia. Y protestaron como gremio. Como grupo. Sartre, entre ellos. Simone de Beauvoir.

"El intelectual, el hombre de letras, es aquel que interviene y se sitúa en el espacio de la polémica. Resulta entonces que intelectual es sinónimo de opositor y que el intelectual orgánico es la negación del intelectual *tout court*. Por otra parte, los intelectuales no son una corporación: ser intelectual es un derecho de cualquier ciudadano y toca a cada quien ejercerlo o no".
—Claude Ambroise.

***

Vivimos bajo el imperio de la subjetividad, como observaba Pirandello. Es impresionante de qué manera cada uno de los actores proyecta su imaginario político. Cada quien está viendo la película que le conviene a sus necesidades políticas e imaginativas. Y quiere que su proyección prevalezca por encima de todas las demás.

∗∗∗

El primero en utilizar el verbo *escotomizar* fue Sigmund Freud, en su ensayo sobre el fetichismo cuando habla de dos jóvenes que se habían rehusado a reconocer —es decir: habían "escotomizado"— la muerte del padre amado.

Se quiere sugerir con "escotomización" simplemente que ha sido cancelada una cierta zona del campo visual, perfilándose como una manchita, es decir: como un punto ciego.

La percepción ha sido borrada, "de modo que el resultado sería el mismo que si una impresión visual cayera sobre la mancha ciega de la retina".

∗∗∗

Una contradicción en los términos: el "Estado presidencial", tanto como "revolucionario institucional" o "muerte viva".

∗∗∗

El principio del poder consiste en su repetición. Quien lo ha probado quiere volver a ejercerlo y disfrutarlo. Es como el principio del placer: quien ha probado una sabrosa manzana roja quiere volver a deglutirla.

—No me digas —dice Hugo Hiriart—. Es como si tú me dijeras que una vez que una persona se acuesta con una mujer dice: Bueno, ya sé, ya no quiero más. No. ¿Cómo? Está el principio del repetir. Es el principio del placer de Freud: todo lo que te causa placer tiendes a repetirlo. Claro, una y otra vez. Si a ti te gusta un pastel o un helado, digamos uno de esos maravillosos *tartufos* que venden en Roma, un verdadero platillo para ángeles, tú no vas a decir: no, ya me comí uno y ya, no. Al contrario: uno quisiera comerse muchos más y todos los días.

Por ello mismo, por el principio del poder, no era del todo absurda la nunca prematura hipótesis de que

155

el Presidente de los Estados Unidos Mexicanos en 1992 pensaba reelegirse —o elegirse, más bien— en 1994.

**

Escotoma: falta de visión en cierta zona del campo visual por insensibilidad en la parte correspondiente de la retina.

**

La idea de la sicilianización de México y del mundo no se da en un territorio concreto sino constituye una zona, un estrato de la realidad mexicana en la que conviven los políticos, los narcotraficantes y los dueños de casas de bolsa: la santísima trinidad que verdaderamente ha saqueado al país. Ahí es donde se da la sicilianización de la República (la pérdida del espíritu público, el gobernar para favorecer intereses particulares) que consiste en haber conseguido, por fin, la inexistencia del Estado.

En México no existe el Estado. El Estado no sólo es la ley escrita sino la obediencia de la ley, que se cumpla la ley. Para que un Estado esté vivo es necesario que se cumpla ley. En México existe la ley escrita, pero no se obedece, no se cumple. Lo que tenemos en México es un Estado muerto, inexistente, una necrosis. En otras palabras, la sicilianización de la sociedad política mexicana, no tanto de la sociedad civil, es que desde el gobierno se ejerce el poder en beneficio de grupos e intereses particulares y no en favor del bien común.

De ahí que decir "Estado de derecho" sea un pleonasmo en la práctica. Basta decir "Estado".

**

Una máscara es un aditamento que distorsiona la identidad y que la esconde. Hay la máscara física, en el teatro, y en sentido figurado, las máscaras que nos ponemos y quitamos todos los días.

✻✻✻

Que si el poder lo cambia a uno o n̶...

Le toma a uno muchos años llegar a ese̶...
Tiene que cumplir antes con el rito de la abyecc̶...
Los peldaños del poder suelen estar llenos de mier-
da. Pero luego de unos 25 años de intentarlo traspasa
uno el umbral y ya está del otro lado: en el cielo.
Entra como en un estado de gracia. Paradójicamente
se vuelve mejor. Más generoso. Más comprensivo.
Más tolerante.

✻✻✻

Imagino una novela policiaca mexicana con títulos
como *Personas desaparecidas*, *Cárceles clandestinas*,
El autor intelectual, *La reina de las pruebas*, *De cada-
verum crematione*.

En las novelas malas se da una división muy mar-
cada entre los buenos y los malos, pero en otro tipo
de novelas nunca está muy bien dividida la bondad en
relación con la maldad. Hay quien dice que en nuestro medio no se puede escribir novela policiaca porque no hay Estado, y si no hay Estado no puede haber
un sistema de justicia confiable. No se puede escribir
de policías que hacen respetar la ley porque el novelista caería en una de los problemas más escabrosos
de su oficio: el de la falta de verosimilitud (o de credibilidad). Nadie se lo creería. (Volvemos al tema de
la credibilidad, tan esencial al gobierno como al arte).
En la realidad mexicana los delincuentes también son
los policías. Por eso la novela policiaca mexicana más
auténtica y realista sería aquella en la que los asesinos
y los ladrones y los asaltantes, además de los tradicio-
nales, fueran también los policías. Hay una fusión entre
policía y delincuencia, porque los que persiguen a los
narcotraficantes son narcotraficantes ellos mismos, y
hay una simbiosis entre policía y delincuencia tolerada por el poder público.

157

***

Escotoma: síntoma de varias lesiones oculares; se caracteriza por una mancha oscura o centelleante que cubre parte del campo visual.

***

Oíganlo bien, dice el Poder: En ningún caso, bajo ninguna circunstancia, en ninguna hipótesis, les vamos a transferir el poder. La Presidencia de la República no está en disputa. Eso no se discute. Para nosotros ése es el principio del poder: que no se transmite. Ni siquiera en el improbable caso de que perdamos las elecciones. ¿Está claro? ¿Se ha entendido el mensaje?

***

Una vez, durante la guerra del golfo Pérsico en enero de 1992, el comandante en jefe de las fuerzas norteamericanas, un inmigrante checoslovaco de apellido impronunciable, dijo en la televisión que en ese momento se encontraban —ellos, los norteamericanos y los iraquíes— en una especie de *"mexican standoff"*.

¿Qué quiere decir eso, *"a mexican standoff"*?, se estuvo preguntando durante años David Huerta.

Y yo me encontré un día con la definición en un diccionario de slang norteamericano.

Mexican standoff: A stalemate, deadlock Mexican seems to be used to give a sense of peril and crudeness to the situation, as if two persons faced each other directly with raised machetes or loaded-guns.

Algo así como "en jaque". Estancamiento. Empate. Punto muerto. Ahogo del rey (en ajedrez). Sólo que en 1994 quienes se encontraban en un *mexican standoff* eran el gobierno y los nuevos zapatistas.

***

Miedo y poder:
Postular un "poder intimidatorio" equivale en cierto

modo a proponer un pleonasmo tan ocioso como todos los pleonasmos pues está en la naturaleza misma de todo poder infundir miedo. Es una prerrogativa también de la divinidad en la invención de los creyentes o en las personas de sensibilidad religiosa: si se imagina o se inventa, como en la literatura fantástica, una figura como la del dios iracundo y vengativo, es porque a ése ser o poder superior se le consiente la gracia de despertar temor.

La estrategia de la intimidación puede ser una opción de quienes —al sospechar que su demasiado poder se les puede escurrir como agua de las manos— quieren mantenerse en el trono

Hannah Arendt concluye así su ensayo *Sobre la violencia*: "Cada disminución del poder constituye una invitación abierta a la violencia. Y eso ocurre porque quienes tienen el poder y sienten que se desliza de sus manos, sean el gobierno o los gobernados, siempre han tenido dificultad en resistir la tentación de sustituirlo por la violencia."

A Norberto Bobbio lo interrogaron una vez sobre la relación entre miedo y poder y contestó:

"El miedo siempre ha sido un instrumento del poder. Por una razón muy simple: tener poder quiere decir tener la capacidad de determinar el comportamiento de los demás, de hacer que los demás hagan lo que espontáneamente no harían. Nada mejor que el miedo sirve a este propósito. El miedo tiene un efecto paralizante. Te desanima a hacer lo que querías y te constriñe a hacer lo que no querías."

El miedo hobbesiano queda explicado así en el *Leviatán*: el temor a la muerte se localiza en el origen mismo de la ley y el Estado. Antes de reunirse y ponerse de acuerdo, los seres humanos viven en una virtual situación de guerra y temor en la que no existe "conocimiento de la faz de la tierra, ni cómputo del tiempo, ni artes, ni letras, ni sociedad; y lo que es peor de todo, existe contínuo temor y peligro de muerte violenta; y la vida del hombre es solitaria, pobre, tosca, embrutecida y breve".

***

En tiempos de propaganda, como nos ha tocado vivir en este nuestro fin de siglo mexicano, la estridencia del Complejo Propagandístico Gubernamental no deja oír muy bien las voces individuales del ciudadano en la plaza, el libro o la revista. Sin embargo, como decía Francis Scott Fitzgerald:

"La prueba de una inteligencia de primera es la capacidad de retener en la mente al mismo tiempo dos ideas opuestas sin perder la facultad de funcionar. Uno debería, por ejemplo, ser capaz de ver que las cosas no tienen remedio y, sin embargo, estar decidido a cambiarlas."

Es la paradoja de la inteligencia y la esperanza.

***

Escotoma: punto ciego en algún lugar de la retina.

LOS ZORROS NOS GOBIERNAN

En los países en los que existe el Estado cerrar una calle es algo terriblemente grave: equivale a alterar el orden jurídico y, por supuesto, vial, de una comunidad. En los países legales ni siquiera un policía puede clausurar una calle: se necesita de la orden escrita de un juez.

La falta de educación republicana de nuestras autoridades se puso de manifiesto la noche del martes 30 de junio de 1992 cuando, a petición de los dueños del restaurante Champs Elysées, la patrulla C 227 (Centro Histórico, modelo *Spirit*), cerró durante dos horas, de 8 a 10 de la noche, la calle de Estocolmo en la colonia Juárez de esta ciudad. A los dos policías el *maitre* del Champs Elysées —un güerito chaparrito de tuxedo— les mandó dos cubas y unos canapés, todo lo cual creó el equívoco, no improbable, de la tónica de un gobierno que en vez de atender el bien general favorece los intereses particulares. Será porque a este restaurante asisten todos los políticos figurones, los zorros como EJ, FOA, JJO, JMK, la zorra X, el simpático GO (el promotor de la libertad de expresión en tiempos de JLP), el zorro GP, e incluso el zorro EMG y el Zorro Plateado, en fin, los secretarios de Estado, la encantadora RL y la cantidad de gobernadores que se pasan más tiempo en el DF que en sus estados (todos muy contentos: se llevan de pellizcón en la nalga), con sus mercedes, oldsmobiles (les gustan mucho los oldsmobiles), grands marquis (a MF la generosidad del pueblo de Sonora le compró uno nuevo muy bonito para que no anduviera dando lástimas aquí en el DF) y maximas, continentals y cadillacs y lincolns en doble y triple fila que nunca se llevan las grúas, respetuosas como son cuando los ciudadanos traen guaruras y autos importados, pues sólo y únicamente los zorros pueden importar mercedes benz blancos con placas de Alemania sin necesidad de atornillarles placas del DFK o de alguno de los estados.

Todo este resentimiento social, esta amargura, y sobre todo esta envidia, vienen a cuento porque el caso es que el Champs Elysées tiene una boutique para *gourmet*s, un negocio de embutidos y vinos franceses, *bourgognes* y *bordeaux*, mostazas, champagnes y caviares (todavía enlatados en la URSS) en la calle de Estocolmo, colonia Juárez, con productos de la franquicia Fauchon, patés y quesos, aceites y vinagres, aceitunas, y a los dueños se les ocurrió hacer una inauguración con un toldo verde en todo lo ancho de la calle de Estocolmo como si fuera de su propiedad privada. Aquí en México cualquiera —no necesita ser ni siquiera policía— puede cerrar una calle. Cualquier camioneta de Teléfonos de México o de la Comisión Federal de Electricidad cancela tranquilamente una calle como si fuera de su legítima propiedad privada. Habría que ponerles un alto. Habría que educar un poco más a nuestras autoridades. La vía pública es pública, es decir, de la comunidad, no para que la usen los cuates de los funcionarios. Habría que ser más respetuosos y enterarse mínimamente de lo que es una convivencia civil en un país donde hay leyes escritas. Para que un Estado exista, es decir, para que esté vivo y no muerto, no basta que haya leyes escritas: lo que le da vida a ese Estado es que se cumplan. De lo contrario, no existe el Estado. Es un Estado muerto. Inexistente. Un cadáver exquisito y repugnante.

Cerrar una calle es un acto de autoridad extremadamente serio. No es posible que los policías, representantes del Estado, se presten a tan indigno servicio para quedar bien con unos restauranteros. Tal vez el Secretario de Seguridad y Vialidad se haya ganado una cena gratis en el Champs Elysées, pero la verdad es que el responsable de esta falta de respeto a la ciudadanía es en primera y última instancia el Jefe del Departamento del Distrito Federal.

Los zorros nos gobiernan. Estamos gobernados por zorros. Hay entre ellos una competencia secreta: ¿quién es el más rico? ¿Quién trae la corbata más bonita? ¿Quién es el más picudo? Privilegios secretos los suyos. A escondidas. No hay gobernador que no tenga también casa propia en el DF. En los años 60 un gobernador del noroeste decía que una gubernatura —por pequeña que sea y en aquel entonces— deja por lo menos cien millones de dólares. En el fondo es ésa la motivación principal del fraude electoral. No se trata de que prevalezca un cierto "proyecto político". Es una cosa de dólares y pesos. De negocios. De a ver quién —unidos para progresar— tiene más ranchos, más casas, más viejas. En esa descomposición natural ha culminado el partido de los zorros: los vividores, los *free-riders*.

No todos vienen al Champs Elysées, en la esquina de Reforma y Estocolmo. Más bien le sacan la vuelta, precisamente por su ambiente exhibicionista. Es impensable, por ejemplo, que se deslice a comer desde el monasterio de Los Pinos el padre Joseph, *l'éminence grise*, el zorro de zorros, conocido (ahora sin espejuelos) por su frugalidad y su prudencia.

Pero, en fin, los que comparecen entre semana (puesto que el célebre antro no abre ni sábados ni domingos) se apersonan justamente para eso: para pasearse por la pasarela del Champs Elysées. Se abrazan, se saludan felices (es la felicidad que da el poder) con esa alegría propia de los políticos mexicanos. El Champs Elysées es, pues, un escaparate: un espacio alegre y elegante en el que se discuten y toman las decisiones políticas más importantes del país.

El otro día llegó elegantísimo y envuelto en un halo de loción muy discreta el zorro JLP: se bajó muy campante —como el hombrecito del Johnnie Walker— de una de esas suburban rojas de vidrios polarizados que usan los políticos, los judiciales y/o los narcotraficantes, y se escabulló feliz por las escalinatas del Champs Elysées.

SUEÑOS POLÍTICOS

Nunca me he explicado del todo por qué desde hace años sueño con los presidentes. Les tenga o no simpatía, aparecen y reaparecen en mis sueños.

Sabemos que no siempre recordamos nuestros sueños. Lo más frecuente es que los neguemos, que los cancelemos. Se supone que es ésa una maniobra del inconsciente para no dejarlos salir a la luz. Que yo recuerde, el primer Presidente que soñé fue X. Quiero decir: no tengo noticia de que ARC o ALM o GDO se hayan hecho invitar desde el más allá al escenario de mis sueños. No. Seguro que el primero fue X.

Uno es el creador de sus sueños. Todo lo que sucede allí en el teatro de los acontecimientos oníricos es creación de uno. Son los sueños la típica proyección de uno mismo. Nada tiene que ver más con uno que sus sueños. Y lo más curioso es que los personajes soñados no suelen ser los que parecen ser: generalmente son disfraces (máscaras) de otros seres significativos en nuestra vida. Así, es muy posible que X no haya sido en mis sueños más que un símbolo del autoritarismo y la intolerancia. Mi imagen consciente de X es que el hombre es un genio del mal. Tiene en realidad un talento especializado, una mente política, para destruir a sus enemigos. Su animalidad política por muy pocos ha sido igualada. Tal vez fue el último con verdadera vocación para dominar, con

165

auténtico deseo de poder. Probablemente su placer más secreto era la venganza. Nunca le faltó inteligencia para premeditarla, calcularla, realizarla y disfrutarla. Sea como sea, el talento no siempre está al servicio del bien. En el caso de x es indudable que había genio, pero para el mal. Gozaba él de una creatividad realmente notable para hacer daño y, por otra parte, no tenía conciencia del mal (como los personajes de *Buenos muchachos*, la película de Martin Scorsese). Ninguna sensibilidad ante el sufrimiento ajeno. Creo también que dio asilo en su persona a una personalidad dividida. Por un lado se conmovía ante los campesinos muertosdehambre; por otro, los destruía. Decía cosas —con muy desafortunada sintaxis— que casi nunca tenían que ver con la realidad, miembro como lo era de un partido esquizoide. En fin, se trata, para bien o para mal, legítima o ilegítimamente, de una figura de autoridad, de un cadáver ilustre que ya no está en la película de los mexicanos, pero al que yo soñaba de vez en cuando en los años 70.

Cuando x se ausentaba del país lo soñaba más que de costumbre. Era como la silueta de un padre que me hubiera abandonado.

Digamos que empecé a tener sueños políticos hacia los 30 años. A principios de los 70 y después del 68. No sé si hay una relación entre esa edad (la edad de la ideología) y esa fecha. El caso es que también soñaba a y cuando andaba de viaje por Europa. Es obvio que estrictamente soñando no eran ni x ni y, sino los disfraces de otras personalidades importantes en mi más remota vida afectiva. Eran los actores que encarnaban a figuras que yo no me atrevía a ver directamente a los ojos y cuyos rostros no me podía yo representar.

He de haber soñado a y más de una vez: un padre débil, frivolón y fundamentalmente narcisista e infantil. Se volvió loquito con todo el oro del mundo

—el oro negro— que da una presidencia mexicana. Realmente regresó a la cuna de ruedas de los bebés que dan órdenes chillando y chantajeando con sus gritos. Dios mío, me decía, ¿cómo es posible que estos señores hayan sido nuestros presidentes? Cuando mucho pudieron haber sido unos muy competentes gerentes de Sears Insurgentes.

¿Por qué, pues, le da a uno por soñar presidentes? Una vez asistí como periodista a una sesión de veinte horas continuas con el doctor Roquet, que daba un tipo de terapia psicoanalítica con drogas. En la madrugada, cuando los pacientes yacían tranquilos o excitados (pero sobre todo muy ensimismados) en el suelo, de pronto el doctor Roquet proyectó en la pared una enorme fotografía en colores del presidente x y su esposa. Supongo que el tarapeuta quería propiciar en los pacientes la imagen de la autoridad o de los padres: inducir en los receptores alguna proyección personal, algún conflicto con la autoridad, o alguna muestra de cariño, como si x y su señora fueran los papás de todos los mexicanos.

El mero contacto con un Presidente, el acercamiento al tótem, la mera relación social, le puede a uno cambiar la película de lo que está ocurriendo en el país. El tratar a alguien, el darle la mano, el compartir su misma mesa, es como estar de acuerdo con él. Equivale a sancionarlo. Se crea una convicción muy especial, me decía GT, cuando uno viaja, por ejemplo, en el avión presidencial. Basta que te tome en cuenta el Presidente para que te sientas de su lado. Es algo en cierto modo mágico. El poder crea a partir de la nada. El poder inventa realidades, construye, al mismo tiempo que es una invención.

z siempre me pareció un personaje bastante gris; un hombre titubeante, indeciso, absolutamente sin ninguna imaginación para nada, incapaz de tomar una iniciativa. Mediocre. Ni bueno ni malo. No era él en rigor —en mi sueño— sino una creación mía. Yo era el que ponía en z esos atributos. De todas maneras, como digo, llegué a soñarlo. ¿Por qué?

Porque era el Presidente. Legítimo o no, amado u odiado por el pueblo, haya tomado el poder por las buenas o por las malas, el Presidente es el jefe de la tribu, en los términos más ancestrales y míticos. La figura presidencial intimida, es la encarnación perfecta de la intimidación. Como jefe de la tribu, equivale al poder intimidatorio por excelencia. Por eso despiertan tanto extraño miedo las interrupciones al Presidente en la Cámara de Diputados. Hay algo de visceral y religioso en el poder mexicano. Hay mucho de sagrado. Y no poco de macabro. Por eso sataniza a quien le dispute su ejercicio. Y si el Ejército es tótem, el Presidente es tabú.

MÉXICO EN DOS

Pinocho seguía durmiendo y roncando,
como si sus pies fueran de otro.

Carlo Collodi, *Las aventuras de Pinocho*

Supongo que cada quien tiene su modo de vivir el país y sus tragedias. Hay muchos Méxicos pero están en éste. Hay por lo menos 33 Méxicos, y tantos como cada mexicano quiera inventar el México que le convenga o satisfaga sus necesidades imaginativas, políticas, o propagandísticas. A mediodía del martes 4 de enero de 1994, por ejemplo, le pregunté al chofer del taxi que me llevaba por la avenida Madero cómo veía la situación de Chiapas y me contestó: "Perdón, ¿qué es lo de Chiapas?"

Me sentí como enfrente de aquel señor al que se le está incendiando su casa por atrás y él está en el porche muy a gusto en su mecedora. Y tuve la triste sensación de que una gran parte de los mexicanos (por sus conversaciones, por sus comentarios), a más de 72 horas de los acontecimientos en Chiapas (la toma de San Cristóbal de las Casas, Altamirano, Ocosingo, por el Ejército Zapatista de Liberación Nacional) no se habían enterado. Porque no leen periódicos, porque no les interesa, o porque no perciben la gravedad y la trascendencia de los hechos.

Otras personas, muchas, me dieron la impresión, estando enteradas, de que no les procupaba tanto, que no le daban tanta importancia, pues eso sucedía muy lejos y pronto sería conjurado por la vía militar porque no era más que la rebelión de unos inditos manipulados. No captaban el cambio de coloración en todos los grandes temas nacionales, la nueva percepción de los tres candidatos a la presidencia (Colosio se volvió un fantasma indistinguible de Diego y de Cuauhtémoc), el mentís al neoliberalismo que también ha fracasado en la Inglaterra de la Thatcher y en los EU de Reagan y Bush.

Sentí que vivíamos en dos Méxicos, no sólo en la bipartición geográfica del país escindido en el sureste miserable y despiadadamente explotado, y el norte norteamericanizado y criollo, sino en dos estratos de la conciencia nacional: el México que le duele a unos y el México que a nadie le importa.

Además, por el sistema de la mentira y el discurso esquizoide (Patrocinio González Garrido, secretario de Gobernación, dice que se abrirán los archivos de 1968 y después se echa para atrás, el secretario de la Defensa dice que los soldados no dispararon contra los estudiantes en 1968 y reinventa la realidad con un montaje videomanipulado), uno tiene la sospecha de que vive en un país desmembrado, sin conexiones, sin vasos comunicantes, sin ligamentos entre las rodillas y los codos, sin arterias entre las extremidades y el tronco, entre la cabeza y el pecho, una especie de Pinocho tirado sobre una cuneta de la carretera. Si alguien le aplasta un dedo, el resto del organismo no reacciona. Así sucedió con el cuerpo de Pinocho cuando dormía y se le quemaron los pies de madera.

Pero Chiapas vino a pegarle a boca de jarro al programa de Solidaridad y a todas sus derivaciones propagandísticas. Fue una pedrada, como dijo alguien, en la mera frente del salinismo. Vino a demostrar que la sociedad es una caja de sopresas, un organismo impredecible, y que no se puede controlar el futuro ni la realidad con la propaganda televisiva. El sistema de la mentira, tarde o temprano, termina por caerse como un costal de piedras.

El narcisismo del poder ha incurrido en una regresión tan infantil que ha creído que se puede programar el porvenir a través de la propaganda, es decir, a través de Televisa y sus nuevas 62 repetidoras (para eso se las dieron). Pero, como ya se ha visto, el México de Zabludovsky no es el México de Juan Rulfo. El México oficial —prefabricación del Poder por medio de la propaganda— no es el mismo que el México real.

Ciertamente la propaganda no es mala apuesta para conservar el poder a toda costa, pero, como lo ha demostrado la rebelión en Chiapas, con los pueblos nunca se sabe por dónde va a saltar la liebre. No es lo mismo el México que José María Córdoba (el asesor presidencial en 1994) ha tenido en la cabeza que el México de San Cristóbal de las Casas.

Otra noche, para mayor abundamiento en el tema de la esquizofrenia nacional, ese zorro de la propaganda política de cuyo nombre (Jacobo Zabludovsky) nadie quisiera acordarse decidió que los transgresores no eran mexicanos. Con su fingida "naturalidad", JZ24 hablaba del ejército mexicano para referirse a las fuerzas regulares, como cuando durante la guerra civil española Franco se refería a sus tropas "nacionales" o "españolas" mientras los demás eran los "rojos".

"¿Quién está detrás?" fue otra de las directrices propagandísticas que siguió JZ24. El obispo de Cuernavaca y el poeta Jaime Sabines también se preguntaron quién está detrás. Pero ¿quién está detrás de Jacobo Zabludovsky? ¿Por qué nadie se pregunta quién está detrás de Jaime Sabines y del obispo de Cuernavaca? Los criollos blanquitos de la capital ni siquiera concedemos a los indígenas la capacidad de rebelión y aquí resurge nuestro soterrado racismo de toda la vida.

Es decir, no les concedemos la calidad de personas ni de hombres. Son inditos. Sólo si alguien los manipula son capaces de ser.

Por eso a veces, al leer los periódicos y sufrir la televisión desinformativa de Azcárraga, uno siente que las partes del cuerpo nacional están desarticuladas. El brazo de la Baja California se vive como una prótesis apenas enganchada en la clavícula de Sonora. Hay una columna vertebral que corre con todas sus articulaciones y nervios como el ferrocarril de México a Chihuahua —con vagones rotos, sin mantenimiento—, pero que no une las partes.

No se toca el peroné de Quintana Roo con el fémur de Campeche ni con la rótula de Yucatán. No hay ligamentos. No hay vasos comunicantes. Las costillas de Durango y Zacatecas andan volando tanto como las costillas colgantes de Aguascalientes. Y no hay esternón que las sostenga. El ilíaco del DF está solo como una isla, con su red de agujeros, su concentración de poder y de soberbia, su descomposición de lugar. Solo, allá arriba y al centro, a 2,750 metros sobre el nivel del mar, el Poder se afantasma incuestionable y sagrado, único, en una planicie de la que asoma —entre la nata de smog— su dedo para inventar un México inexistente.

EL PALIACATE ROJO

De todas las fotografías que le dieron la vuelta al mundo durante los primeros días de 1994 sin duda una de las más impactantes fue aquella en la que unos guerrilleros del EZLN con paliacate al cuello miran al cielo el paso de los aviones. La escena, captada por el fotógrafo Julio Candelaria, tuvo lugar en el Comité Municipal del PRI en Altamirano, Chiapas, y apareció en la primera página de *El Norte* el 4 de enero.

En el mismo periódico los lectores pudieron ver al día siguiente a uno de los nuevos zapatistas con el rostro enmascarado: cubierto con la tan querida prenda mexicana de la cabeza al pecho y unos toscos agujeros en el paliacate a la altura de los ojos (foto del mismo Candelaria o de Luis G. Gallegos). En algún otro diario se vio también a los rebeldes en formación, recorridos de enfrente hacia atrás por una columna roja de paliacates que a cada uno le cubría la cara de la nariz hacia abajo como si fueran *cowboys*.

Y es que el paliacate, que ya usaba José María Morelos en la cabeza, es una pañoleta de trabajo: recoge el sudor del cuello y lo mantiene fresco. En campaña es una pieza esencial del equipo de todo soldado: le sirve para sostenerse un brazo o hacerse un torniquete en caso de sangrar; le es útil para ocultarse el rostro y con ello diluir el estigma individualista del caudillismo. Pero, ¿de dónde viene este pañuelo,

173

la prenda más querida de los chinacos en los tiempos de la intervención francesa? Lo más probable es que el primero haya llegado en la nao de China pues sus estampados dibujos son hindúes. En efecto, la cuadrada pañoleta de algodón que ahora se ha convertido en un símbolo revolucionario —como el turbante de los palestinos o la gorra frigia de los franceses— debe su nombre a una ciudad de la India: Palicat o Paliacate, o mejor: Pulicat, situada a unos 35 kilómetros al norte de Madrás, en el golfo de Bangala. Ya en 1788, según nos ilustra el *Breve diccionario etimológico de la lengua española*, Bernardin de Saint-Pierre hablaba de los "mouchoirs de Paliacate" en su libro *Paul et Virginie*.

En Venezuela, los encapuchados que protestaban en las calles caraqueñas y arrojaban piedras a los policías durante el año fatídico de 1993 aportaron al estilo rebelde de este final de siglo una novedad imaginativa: la camiseta como capucha, que se confecciona de inmediato estirando las dos mangas cortas y amarrándolas por detrás de la cabeza mientras el gran orificio del cuello se extiende a los lados formando una ranura para los ojos como en el pasamontañas.

La carga histórica y mitológica —Bartolomé de las Casas, Emiliano Zapata— que ha venido acompañando el gesto de los revolucionarios en Chiapas ha sido el lenguaje no hablado, no verbal, que más fuerza e identidad le ha dado a su causa, no menos que al paliacate rojo que a partir de ahora nunca volverá a ser el mismo. La escena en el Comité Municipal del PRI en Altamirano es la imagen de la toma misma del poder, a los ojos de cualquier mexicano, al menos simbólicamente. Nunca se hubiera visto esta foto en tiempos de López Mateos o de Adolfo Ruiz Cortines, que es más o menos cuando el parasitario partido todavía andaba con vida.

Por esta carga simbólica —el mito y la leyenda universal de Zapata—, y no sólo por las estupendas

174

relaciones de los reporteros (como las conmovedoras crónicas de Jaime Avilés), asistimos durante la primera semana de 1994 a un fenómeno de aceleración de la historia. De la noche a la mañana nos cambiaron la película, los personajes y el argumento. Nos movieron el piso a los criollos. Nos propusieron otro país. Nos invitaron a volver a pensarlo. Todo cambió en la percepción de los mexicanos. Se pigmentó de otra manera, se redimensionó la visión que teníamos, por ejemplo, de los tres candidatos. De algún modo empequeñecieron y se igualaron, se volvieron intercambiables, porque a partir del 1 de enero de 1994 asistimos a una nueva composición de poder, a otra invención —creativa, imaginativa— del poder.

Los comunicados del EZLN y el lenguaje (cartas, entrevistas) del subcomandante Marcos han venido a cambiar las reglas del juego y los códigos de comunicación e interpretación con los que normalmente se entendían o se confundían los productores y los receptores de la palabra política. Han venido a llenar de contenido el discurso político que estaba vacío y desde hace muchos años languidecía en una retórica de significantes huecos y de mentiras. Han confirmado cuál es la palabra que tiene verdadero poder de comunicación: la palabra de la verdad, que es la que realmente le pega al imaginario colectivo.

El suyo es un discurso de estructura simbólica, como dice un poeta amigo mío, tiene relación directa con el mito y por ello ni los intelectuales ni los políticos han podido descifrarlo; porque viene cargado de la escatología cristiana de San Agustín, tiene un aire del Popol Vuh y un eco del Chilam Balam de Chumayel, de los muertos de Juan Rulfo (la muerte como sujeto actuante, latente), y se vale del cambio de sujeto hablante como en la novela de James Joyce: pasa del yo de los zapatistas al yo de Marcos, sin que haya hablante fijo.

Eso no es un discurso político. Es un discurso literario. Y por eso ha dejado a la víbora cascabeleando.

"En el escenario de la simulación que es México, donde la rutina de la mentira política y literaria, el disimulo y la alcahuetería ejercitan a diario la danza de las mil máscaras, es un enorme acto de justicia poética que un enmascarado haya devuelto transparencia a las palabras", dice Blas Cota.

"Como rayo en cielo sereno, las cartas de Marcos han regresado a la literatura a su condición de sierva, no de las ideologías, sino de los actos de la vida, al respaldar su palabra de verdad con el riesgo extremo de la muerte. Su triunfo no es, pues, obra de la retórica, ni de la publicidad, ni de ningún otro artificio literario, aunque se valga de ellos. Es obra de la coherencia entre las palabras y los actos, un triunfo de la moral."

LA MONTAÑA TRÁGICA

A los 39 años Emiliano Zapata murió asesinado por razones políticas.

A los 39 años César Augusto Sandino fue asesinado por causas de violencia política.

A los 39 años Ernesto el Che Guevara fue asesinado por motivos de violencia política.

A los 39 años Malcolm X fue asesinado por racionalizaciones justificadas en la violencia política.

Estas coincidencias parecen pertenecer a las del género de las que no quieren decir nada, como la serie de parelelismos aparentemente ociosos que establece Malcolm Lowry al estatuir en el *incipit* de *Bajo el volcán* que Cuernavaca se encuentra bajo el trópico de Cáncer, en el paralelo 19, casi a la misma latitud que las islas Revillagigedo y la ciudad de Yuggernaut, en la Bahía de Bengala.

Tenía mis dudas respecto a Emiliano Zapata, pues unos atribuyen la fecha de su nacimiento al año de 1873 y Octavio Paz Solórzano da la de 1883. Sin embargo, los dos historiadores que merecen más crédito a John Womack —Porfirio Palacios y Jesús Sotelo Inclán— tienden entre el 8 de agosto de 1879 y el 10 de abril de 1919 los años que vivió el revolucionario asesinado en Chinameca.

Debo confesar que estas cosas de poca importancia, como decía León Felipe, empecé a relacionarlas a partir de un párrafo de Eduardo Galeano en la página 238 de *El siglo del viento* (tomo III de *Memoria del fuego*): "El Che muere de bala, muere a traición, poco antes de cumplir 40 años, exactamente a la misma edad a la que murieron, también de bala, también a traición, Zapata y Sandino."

Ciertamente a los 39 años se es todavía joven, pero muy probablemente —si el destino del héroe es morir joven, como creían los griegos— es el momento en que se traspasa la "línea de sombra" de la que hablaba Joseph Conrad, el último año de nuestra juventud: la pérdida de la inocencia, la generosidad y el sentido de la entrega. A partir de entonces todo es repetición y cautela. Muy pocas cosas interesantes nos vuelven a suceder en la vida.

Entre el 11 y el 13 de febrero de 1994 pasamos el fin de semana en San Cristóbal. Desde los 13 años no había asistido a una misa que me importara, como la del domingo en la que don Samuel Ruiz empezó su homilía aludiendo a Pier Paolo Pasolini y su película *El evangelio según San Mateo*. El símil entre el leproso y el indígena que tiene que pedir perdón y permiso para existir no me pareció extravagante unas horas más tarde, cuando visitamos San Andrés Larraínzar y compartimos la embriaguez ancestral y colectiva de la que ya hablaba Fernando Benítez en 1960.

Las imágenes del subcomandante Marcos, en el documental de Epigmenio Ibarra, se interponían entre unos mexicanos y otros, de lenguas y cosmogonías distintas, como si estuviéramos en un país extranjero. Se me ocurrió que en Marcos sólo podía haber una motivación de orden cristiano, de lo contrario sería incomprensible la idea del sacrificio y de la entrega. Me conmovió su paz interior. Su serenidad. No estaba excitado ni fingía. Había una perfecta coherencia entre su mente y su corazón. Era un hombre que tenía muchos, pero muchos años trabajando consigo mismo, conociéndose. Lo que más me llamaba la atención era su seguridad en sí mismo, aparte de su sintaxis y su imaginación política. La victoria, decía, será de los otros, de los que vengan después. Y me dio la impresión de que estaba a punto de cumplir 39 años o de que ya los había cumplido.

En la composición de *La invención del poder* se
emplearon fuentes tipográficas Times de 12/13 puntos.
Terminó de imprimirse el 25 de julio de 1994 en
Compañía Editorial La Prensa, Basilio Vadillo 29,
9º piso, Col. Tabacalera, México, D.F.
Se tiraron 3 000 ejemplares más sobrantes
para reposición.
Corrección y revisión tipográfica: José Alberto Castro
Cuidado de edición: Marisol Schulz Manaut.